MANIFIESTO

DEL GENERAL

D. AGUSTIN DE ITURBIDE

LIBERTADOR DE MEXICO

Edicion de La Voz de México.

MÉXICO.

IMPRENTA A CARGO DE M. ROSELLO.
Escalerillas número 21.
1871.

Windham Press is committed to bringing the lost cultural heritage of ages past into the 21st century through high-quality reproductions of original, classic printed works at affordable prices.

This book has been carefully crafted to utilize the original images of antique books rather than error-prone OCR text. This also preserves the work of the original typesetters of these classics, unknown craftsmen who laid out the text, often by hand, of each and every page you will read. Their subtle art involving judgment and interaction with the text is in many ways superior and more human than the mechanical methods utilized today, and gave each book a unique, hand-crafted feel in its text that connected the reader organically to the art of bindery and book-making.

We think these benefits are worth the occasional imperfection resulting from the age of these books at the time of scanning, and their vintage feel provides a connection to the past that goes beyond the mere words of the text.

As bibliophiles, we are always seeking perfection in our work, and so please notify us of any errors in this book by emailing us at corrections@windhampress.com. Our team is motivated to correct errors quickly so future customers are better served. Our mission is to raise the bar of quality for reprinted works by a focus on detail and quality over mass production.

To peruse our catalog of carefully curated classic works, please visit our online store at www.windhampress.com.

INTRODUCCION.

Las pasiones y las opiniones de los hombres no pueden cambiar la naturaleza de los hechos, ni menos deshacerlos. El trascurso del tiempo amortigua las pasiones y acredita ó desvanece las opiniones, segun que han sido conformes ó contrarias á la verdad.

Los hombres prominentes y los acontecimientos trascendentales, de que nos habla la historia, son objeto de diversos pareceres y de la complacencia ó desagrado de los partidos. Mas cuando la experiencia posterior y los infortunios públicos han hecho conocer los sucesos y los personages, cuya calidad y mérito se controvirtió, la justicia se sobrepone á la pasion y la verdad á las ilusiones de los partidarios.

Por algun tiempo se disputó sobre la independencia de México y sobre los méritos del grande hombre que la consumó. La ligereza en el juzgar, la falta de instruccion en los hechos, el resentimiento de los adversarios, la envidia de los cooperadores, la rivalidad y la ambicion frustrada de los caudillos, pudieron influir en otro tiempo para juzgar erradamente del Libertador de México y de la grande obra que realizó. Mas cuando ha trascurrido medio siglo, cuando se han extinguido las malas pasiones de los contemporáneos, cuando una série de acontecimientos mas ó menos adversos han acaecido en México, ya no seria excusable que los partidos y las facciones juzgaran de Iturbide y de sus hechos, como en 1823.

Para recomendar una persona, sea cual fuere su conducta, ó su importancia, no es necesario rebajar el mérito de otra de sobresalientes prendas y de rara magnitud. Propio es de la envidia ruin infamar á los hombres ilustres de su patria. Los entendimientos generosos y los corazones rectos, gustan de hallar buenas y eminentes cualidades en sus compatriotas. Las naciones se honran con las heróicas acciones de sus hijos y se hacen ilustres por sus grandes hombres. Los que propenden á denigrar los servicios á la patria, no se mueven por patriotismo, sino por algun afecto vil, mas ó menos encubierto y disimulado.

No se disputa ya sobre la Independencia de México; pero no faltan detractores de su libertador La fiesta que nuestros antepasados le dedicaron, ha sido suprimida: pero no se puede suprimir la historia nacional. En ella consta que el General Don Agustin de Iturbide consumó la independencia de México, el 27 de Setiembre de 1821. No habrá poder bastante capaz de borrar este suceso en las páginas de la historia de nuestro siglo. Si se han omitido las festividades con que los mexicanos conmemorábamos antes aquel plausible acontecimiento, no se puede quitar de la memoria de la patria. Quiérase ó no, los nombres de México Independiente y do Iturbide triunfador, son inseparables. Y quien ame la Independencia de México, no puede ser indiferente á la memoria de Iturbide.

Nosotros, que amamos entrañablemente nuestra nacionalidad, tambien recordamos con gratitud y con veneracion al gefe del Ejército Trigarante. Y aunque sea bastante conocido entre los mexicanos, mucho se ha olvidado de sus altas cualidades, y mucho se debe saber todavía del ilustre mexicano. Se le conoce como un gran general: pero se ha olvidado que tambien era un gran político. Se habla frecuentemente de su heróico valor: pero no se tiene una idea bastante exacta de su talento. La prueba monumental de su génio, no son sus batallas, en que siempre alcanzó la victoria, sino aquel memorable discurso que dirigió á sus compatriotas y á su posteridad, el 27 de Setiembre de 1823, escrito bajo el bello cielo de la Italia, en una hermosa quinta de Liorna. No necesitamos recomendarlo á todo mexicano. El se recomienda por sí mismo. Y no dudamos que será leido con mucho interés por naturales y extranjeros, por personas de todas opiniones y creencias, con tal que sean amantes de la Independencia de México. Es el *Manifiesto á la Nacion Mexicana*, con sus notas y documentos correspondientes. Y para completar la historia de tan exclarecido compatriota, por mas doloroso que sea, tambien publicaremos los documentos relativos á su viaje, su proscripcion y su sacrificio en Padilla.

LOS REDACTORES DE "LA VOZ DE MEXICO."

MANIFIESTO

A LA NACION MEXICANA.

No escribo para ostentar erudicion: quiero ser entendido de todas las clases del pueblo. La época en que he vivido ha sido delicada: no lo es menos la en que voy á presentar al mundo el cuadro de mi conducta política. Mi nombre es bastante conocido: mis acciones lo son tambien; pero estas tomaron el colorido que les dieron los intereses de los que las trasmitieron á regiones distantes. Una nacion grande (1) y muchos individuos en particular

---

(1) La nacion española, sin embargo de que cuando resonó en Iguala la voz de independencia, habia dado un ejemplo de cuanto debe apreciar un pueblo su libertad civil, condenó en los mexicanos, lo mismo que ella reputaba como una gloria inmortal. Tal es el efecto de las pasiones humanas: conocemos el bien,

se creyeron ofendidos y me denigraron. Yo diré con la franqueza de un militar lo que fuí y lo que soy; lo que hice y por qué; los imparciales juzgarán: mejor aún la posteridad. No conozco otra pasion que la de gloria, ni otro interés que el de conservar mi nombre, de manera que no se avergüencen mis hijos de llevarle.

Tengo por puerilidad perder el tiempo en refutar los libelos que se escribieron contra mí: (1) ellos están concebidos del modo mas á propósito para descreditar á sus autores: parecen inspirados por las furias: venganza y sangre solamente respiran; y poseídos de pasiones bajas, ni reflecsionar pudieron en sus contradicciones. ¡Miserables! ellos me honran. ¿Cual fué el hombre de bien que trabajó por su patria, á quien no le persiguieran enemigos envidiosos?

Di la libertad á la mia, tuve la condescendencia ó llámese debilidad, de permitir me sentásen

---

le apetecemos para nosotros, y nos desagrada que los demás lo apetescan tambien para sí, cuando éste apetecer se opone á nuestros intereses, reales ó aparentes ☞ (*).

(1) En Filadelfia, en la Habana, en algunos periódicos de Europa se ha hablado de mí, pintándome con los mas negros rasgos. Cruel, ambicioso, interesado: son las notas mas marcadas de mi retrato ☞ (a).

en un trono que cree, destinándole á otros; y ya en él, tuve valor para oponerme á la intriga y al desórden. Estos son mis delitos; no obstante ellos, ahora y siempre me presentaré con semblante tan sereno á los españoles y á su rey, como á los mexicanos y a sus nuevos gefes; á unos y á otros hice importantes servicios: ni aquellos ni estos supieron aprovecharse de las ventajas que les proporcioné: faltas que ellos cometieron, son las mismas con que me acriminan.

En el año de 10, era yo un simple subalterno (1): hizo su explosion la revolucion proyectada por D. Miguel Hidalgo, cura de Dolores, quien me ofreció la faja de teniente general (2). La

---

(1) Serví en la clase de teniente del regimiento provincial de Valladolid, ciudad de mi nacimiento: sabido es que los que militan en estos cuerpos no disfrutan sueldo alguno; yo tampoco lo disfrutaba, ni la carrera militar era mi profesion: cuidaba de mis bienes y vivia independiente, sin que me inquietase el deseo de obtener empleos públicos que no necesitaba, ni para subsistir, ni para honrar mi nombre, pues la Providencia quiso darme un orígen ilustre, que jamás desmintieron mis accidentes, y hasta en mi tiempo supieron todos mis deudos conservar con honor ☞ (b)

(2) D. Antonio Lavarrieta, en un informe que dirigió contra mí al virey, dice: que yo habria tenido uno de los primeros lugares en aquella revolucion, si

propuesta era seductora, para un jóven sin experiencia y en la edad de ambicionar; la desprecié sin embargo, porque me persuadí á que los planes del cura estaban mal concebidos; ni podian producir mas que desórden, sangre y destruccion, y sin que el objeto que se proponia llegara jamás á verificarse (*). El tiempo demostró la certeza de mis predicciones. Hidalgo y los que le succedieron, siguiendo su ejemplo, desolaron el país, destruyeron las fortunas, radicaron el ódio entre europeos y americanos, sacrificaron millares de víctimas, obstruyeron las fuentes de las riquezas, desorganizaron el ejército, aniquilaron la industria, hicieron de peor condicion la suerte de los americanos, escitando la vigilancia de los españoles, á vista del peligro que les amenazaba, corrompieron las costumbres; y léjos de conseguir la independencia, aumentaron los obstáculos que á ella se oponian.

Si tomé las armas en aquella época, no fué para hacer la guerra á los americanos, sino á los que infestaban el país. (1)

---

hubiera querido tomar parte en ella. Bien sabia Lavarrieta las propuestas que se me hicieron.

(1) El congreso de México trató de erigir estátuas á los gefes de la insurreccion, y hacer honores fúnebres á sus cenizas. A estos mismos gefes habia yo per-

Por Octubre del mismo año de 10 se me ofreció un salvo conducto para mi padre y para mi familia, é igualmente que las fincas de éste y mias estarian exentas del saqueo y del incendio, y libres de ser destinadas á su servicio (cual fuera entonces la costumbre), con sola la condicion de que me separase de las banderas del rey y permaneciese neutral (1). Tuvo igual suerte esta

---

seguido. y volveria á perseguir. si retrogradásemos á aquel tiempo: para que pueda decirse quien tiene razon, si el congreso ó yo, es necesario no olvidar, que la voz de insurreccion no significaba independencia, libertad justa, ni era el objeto reclamar {los derechos de la nacion; sino exterminar á todo europeo, destruir las posesiones, prostituirse, despreciar las leyes de la guerra, y hasta la de la religion: las partes beligerantes se hicieron la guerra á muerte: el desórden precedia á las operaciones de americanos y europeos; pero es preciso confesar, que los primeros fueron culpables, no solo por los males que causaron sino por que dieron márgen á los segundos, para que practicaran las mismas atrocidades que veian en sus enemigos. Si tales hombres merecen estátuas, ¿qné se reserva para los que no se separan de las sendas de la virtud? ☞ (c)

(1) Por notoriedad es conócida de los mexicanos esta proposicion que se me hizo por los gefes de aquella insurreccion desastrasa: yo me hallaba en S. Felipe del Obrage, me veía mandando un destacamento

proposicion que la anterior. Siempre consideré criminal al indolente cobarde, que en tiempo de convulsiones políticas, se conserva apático espectador de los males que aflijen á la sociedad, sin tomar en ellos, una parte, para disminuir al menos los de sus conciudadanos: sàlí pues á campaña para servir á los mexicanos, al rey de España y á los españoles. ☞(e)

Siempre fuí feliz en la guerra: la victoria fué compañera inseparable de las tropas que mandé. No perdí una accion (1): batí á cuantos enemigos

---

de treinta y seis infantes; y á cuatro leguas distante de mí estaba la fuerza de Hidalgo, que ascendia á noventa mil hombres: ningun auxilio esperaba, y habria muerto en aquel punto, sino hubiera recibido órden del gobierno á que pertenecia, para pasar á Toluca, ántes que contribuir á la ruina de mi patria ☞(d)

(1) Solo fuí rechazado y obligado á retirarme el año de 15 que ataqué á Cóporo, punto militar inaccesible por la naturaleza del lugar donde yo ataqué, y bien fortificado. Servia yo entónces á las órdenes del general español Llanos: éste me previno que atacase: la delicadeza militar no me permitió poner dificultades á una determinacion de esta clase: yo bien sabia que el éxcito debia ser contrario, ya marchando lo manifesté al general por medio de un oficio, volví como habia calculado, tuve sin embargo la suerte de salvar cuatro quintas partes de mi fuerza, en cuya accion debí perderla toda ☞(f).

se me presentaron ó encontré, muchas veces con fuerzas inferiores en proporcion de uno á diez y ocho ó veinte. Mandé en gefe sitios de puntos fortificados: de todos desalojé al enemigo, y destruí aquellos asilos en que se refugiaba la discordia. No tuve otros contrarios que los que lo eran de la causa que defendia, ni mas rivales que los que en lo sucesivo me atrajo la envidia por mi buena suerte; ¿á quién le faltaron cuando le lisongeó la fortuna? (g)

En el año de 16 mandaba las provincias de Guanajuato y Valladolid, y el ejército del Norte; todo lo renuncié por delicadeza, retirándome á vivir conforme á mi natural inclinacion, cultivando mis posesiones (1): la ingratitud de los hombres me

---

(1) Dos vecinos de Querétaro, á quienes se agregaron despues cinco casas de Guanajuato, de los que tres eran de tres hermanos, y pueden reputarse como por una, representaron contra mí al virey; varios eran los delitos de que me acusaban, no encontraron un testigo que depusiese á su favor. sin embargo de que mi renuncia de todo mando no tuvo otro objeto, sino el que no se creyese que dejaban de hacerlo por temor ó por la esperanza de que les agradeciese el servicio. Las casas de la condesa viuda de Rul y Alamán, dieron una prueba de que fueron sorprehendidas y engañadas, abandonando la acusacion. Los vireyes Calleja y Apadoca conocieron de este negocio, y despues

habia herido en lo mas sensible. Su mala fé me habia obligado á e itar las ocasiones de volver á ser el blanco de sus tiros: por otra parte, desecho el mayor número de partidos disidentes y casi en tranquilidad el país, ya estaba libre del compromiso que seis años antes me ligó. La patria no me necesitaba, y podia sin faltar á mi deber descansar de los trabajos de la campaña.

Restablecióse en el año de 20 la llamada constitucion de las Españas. El nuevo órden de cosas, el estado de fermentacion en que se hallaba la península, las maquinaciones de los descontentos, la falta de moderacion en los causantes del nuevo sistema, la indecision de las autoridades, y la conducta del gobierno de Madrid y de las cortes, que parecian empeñadas en perder aquellas posesiones, segun los decretos que expedian, segun los

---

de informarse de los ayuntamientos, curas, gefes políticos, comandantes y gefes militares mejor reputalos de las provincias y del ejército (que hicieron mi ıpología), declararon conforme al dictámen de su audit..r, y de los ministros togados: ser la acusacion calumniosa en todas sus partes, quedarme expedita la accion de injuria contra los calumniantes, y que volviese á desempeñar los mandos que obtenia. Ni quise mandar, [ni usé de mi derecho, y renuncié el sueldo que disfrutaba.

discursos que por algunos diputados se pronunciaron; avivó en los buenos patricios el deseo de la independencia: en los españoles establecidos en el país, el temor de que se repitiesen las horrorosas escenas de la insurreccion; los gobernantes tomaron la actitud del que recela y tiene la fuerza; y los que antes habian vivido del desórden, se preparaban á continuar en él. En tal estado, la mas bella y rica parte de la América del Septentrion iba á ser despedazada por facciones. Por todas partes se hacian juntas clandestinas, en que se trataba del sistema de gobierno que debia adoptarse: entre los europeos y sus adictos, unas trabajaban por consolidar la constitucion, que mal obedecida y truncada, era el preludio de su poca duracion; otras pensaban en reformarla, porque en efecto tal cual la dictaron las cortes de España era inadaptable en lo que se llamó Nueva España: y otras suspiraban por el gobierno absoluto, apoyo de sus empleos y de sus fortunas, que ejercian con despotismo y adquirian con monopolios. Las clases privilegiadas y los poderosos, fomentaban estos partidos decidiéndose á uno ó á otro, segun su ilustracion y los proyectos de engrandecimiento que su imaginacion les presentaba. Los americanos deseaban la independencia; pero no estaban acordes en el modo de hacerla, ni en el gobierno que debia adoptarse; en cuanto á lo primero, muchos opinaban que ante todas cosas debian ser exterminados los europeos y confiscados sus bienes; los menos sanguinarios se contentaban con arrojarlos del país, dejando así huérfanas un millon de familias; y otros mas moderados los excluian de todos los empleos, reduciéndolos al estado en que ellos habian tenido por tres siglos á los naturales. ☛En cuanto á lo segundo, monarquía absoluta, moderada con la constitucion española, con otra constitucion, república federada, central, etc., cada sistema tenia sus partidarios ☛los que llenos de entusiasmo se afanaban por establecerlo.

Yo tenia amigos en las principales poblaciones, que lo eran antiguos de mi casa, ó que adquirí en mis viajes y tiempo que mandé; contaba tambien con el amor de los soldados: todos los que me conocian se apresuraron á darme noticias. Las mejores provincias las habia recorrido, tenia ideas exactas del terreno y del carácter de sus habitantes, de los puntos fortificables, y de los recursos con que podia contar. Muy pronto debian estallar mil revoluciones: mi patria iba á anegarse en sangre; me creí capaz de salvarla, y corrí por segunda vez á desempeñar deber tan sagrado.

Formé mi plan (véase el apendice del documento n. 1) conocido por el de Iguala, mio porque solo lo concebí, lo extendí, lo publiqué y lo ejecuté (1): me propuse hacer independiente á mi patria, porque este era el voto general de los americanos; voto fundado en un sentimiento natural y en los principios de justicia, y voto que se consideró y era medio único de que prosperasen ambas naciones. Los españoles no han querido convencerse de que su decadencia empezó con la adquisicion de aquellas colonias; los colonos sí lo estaban de que habia llegado el tiempo de emanciparse. Los políticos lo dirán, yo no escribo disertaciones.

El plan de Iguala garantía la religion que here-

---

(1) Un folletista ha dicho que es obra de una reunion de serviles, que tenian sus juntas en la Profesa, edificio de la congregacion de San Felipe en México; ☞ cualquiera que haya leido el plan se convencerá, por solo su contexto, que no pudo haber sido dictado por el servilismo: prescindo de las ideas de aquellos á quienes se atribuye, son cosas en que ordinariamente el vulgo se equivoca. Para mi son personas muy respetables por sus virtudes y saber; este escrito llegará á sus manos, y yo no me atreveria á llamarle mio, porque tengo bastante delicadeza, para exponerme á ser desmentido. Despues de extendido el plan que luego se llamó de Iguala, lo consulté con aquellas personas mejor reputadas de los diversos partidos, sin que de una sola dejase de merecer la aprobacion: ni recibió modificaciones, ni diminuciones, ni aumentos

damos de nuestros mayores. A la casa reinante de España proponia el único medio que le restaba para conservar aquellas dilatadas y ricas provincias. A los mexicanos concedia la facultad de darse leyes y tener en su territorio el gobierno. A los españoles ofrecia un asilo que no habrian despreciado, si hubieran tenido prevision. Aseguraba los derechos de igualdad, de propiedad, de libertad, cuyo conocimiento ya está al alcance de todos; y una vez adquirido, no hay quien no haga cuanto está en su poder, para conservarlos ó para reintegrarse de ellos. El plan de Iguala destruia la odiosa diferencia de castas: presentaba á todo extrangero la mas segura y cómoda hospitalidad: dejaba expedito el camino al mérito para llegar á obtener: conciliaba las opiniones razonables, y oponia un valladar impenetrable á las maquinaciones de los díscolos.

La ejecucion tuvo el feliz resultado que me habia propuesto: seis meses bastaron para desatar el apretado nudo que ligaba á los dos mundos. Sin sangre, sin incendios, sin robos, ni depredaciones, sin desgracias, y de una vez, sin llorar y sin duelos, mi patria fué libre, y transformada de colonia en grande imperio (1). Solo faltaba á la obra un

---

(1) Todos los europeos que quisieron seguir la suerte del país conservaron los empleos que obtenian y

perfil para estar tambien conforme á las costumbres admitidas: un tratado que agregasen los di-

---

fueron ascendidos succesivamente á aquellos á que tenian derechos, por sus servicios y méritos. Posteriormente fueron llamados á ocupar los primeros destinos y desempeñar las comisiones mas importantes. En el congreso, en el consejo de estado, en las secretarías del despacho, en el ejército, á la cabeza de las provincias, habia españoles en no poco número, y los habia á mi lado cuando yo ocupaba el trono. Los que no quisieron ser ciudadanos de México, quedaron en plena libertad para trasladarse, con sus familias y caudales, á donde consideraron conveniente; á los empleados que lo solicitaron se les auxilió para el viaje, á lo menos con la cuarta parte del sueldo que disfrutaban; á los militares se les pagó el trasporte hasta la Habana, y esto aun aquellos que despues de establecido el gobienno, y dada su palabra de no oponerse á él, intentaron trastornarlo de mano armada, y fueron batidos y desordenados. Tal vez esta generosidad mia dió lugar á que se me creyese de acuerdo con los cuerpos expedicionarios, pero si algo de esto hubiera habido, ellos lo habrian dicho, aunque no fuese mas que por echar sobre mi la culpa de un atentado que deshonraba á sus gefes, ¡que á ellos les envilecia, y que les costó la afrenta de verse batidos y desarmados, presos y procesados: el resultado de la causa debió serles fatal, pero tambien obtuvieron indulto. Ni un solo español fué tratado mal, mientras la guerra de independencia que yo dirijí: la muerte del coronel Concha fué resultado de un desafio particular☞

plomáticos al largo catálogo de los que ya tienen,
y que de ordinario sirven de testimonio de la mala fe de los hombres, pues no es raro que se quebranten cuando hay intereses en hacerlo, por la parte que tiene la fuerza. Sin embargo, bueno es seguir la práctica. En 24 de Agosto (véase el apéndice n. 4) tuve en la villa de Córdoba una entrevista con el dignísimo general español D. Juan O'Donojú, y en el mismo dia quedó concluido el que corre con el nombre del lugar en que se formó, é inmediatamente remitido al Sr. D. Fernando VII, con un gefe de la comitiva de O'Donojú.

El tratado de Córdoba me abrió las puertas de la capital: yo las habria hecho practicables de todos modos, pero siempre me resultó la satisfaccion de no exponer mis soldados, ni hacer correr la sangre de los que fueron mis compañeros de armas.

Hay génios disputadores que gustan de hacerlo todo cuestionable; estos encontraron en el tratado de Córdoba un objeto de discusion, poniendo en duda mis facultades y las de O'Donojú, para pactar en materia tan delicada: seria muy fácil contestarles, que en mí estaba depositada la voluntad de los mexicanos; lo primero, porque lo que yo firmé á mi nombre es lo que debian querer; lo segundo, porque ya habian dado pruebas de que lo querian en efecto, uniéndoseme los que podian llevar las armas, auxiliándome otros del modo que estaba en sus facultades, y recibiéndome todos en los pueblos por donde transité con elogios y aplausos del mayor entusiasmo, y supuesto que ninguno fué violentado para hacer estas demostraciones, es claro que aprobaban mis designios, y que su voluntad estaba conforme con la mia. Con respecto al general O'Donojú, él era la primera autoridad con credenciales de su gobierno; y aun cuando para aquel caso no tuviese instrucciones especiales, las circunstancias le facultaban para hacer en favor de su nacion, todo lo que estaba en su arbitrio. Si este general hubiese tenido á su disposicion un ejército de que disponer, superior al mio, y recursos para hacerme la guerra, hubiera hecho bien en no firmar el tratado de Córdoba, sin dar antes parte á su corte, y esperar la resolucion; empero; acompañado apénas de una docena de oficiales, ocupado todo el país por mí, siendo contraria su mision á la voluntad de los pueblos, sin poder ni aun proporcionarse noticias del estado de las cosas, sin conocimiento del terreno, encerrado en una plaza débil á infestada, con un ejército al frente, y las pocas tropas del rey que habian quedado en México, mandadas por un intruso (D. Francisco de Novella); digan los que desaprueban la condncta de O'Donojú ¿qué habrian hecho en su caso, ó que les parece que debió hacerse? Firmar el tratado de Córdoba, ó ser mi prisionero, ó volverse á España; no babia mas arbitrio. Si elegia el último, todos sus compatriotas quedaban comprometidos, y el gobierno de España perdia las esperanzas de las ventajas que entónces consiguiera, las que seguramente no habria obtenido, no siendo yo el que mandaba, y O'Donojú un hábil político, y un excelente español.

Entré en México el 27 de Setiembre: el mismo dia quedó instalada la junta gubernativa de que hablan el plan de Iguala y tratados de Córdoba: fué elegida por mí; pero no á mi arbitrio, pues quise sobre todo en su totalidad llamar á aquellos hombres de todos los partidos, que disfrutaban, cada uno en el suyo, el mejor concepto, único medio en estos casos extraordinarios, de consultar la opinion del pueblo.

Hasta aquí todas las determinaciones fueron mias, todas merecieron la aprobacion general, y jamás me engañé en mis esperanzas: los resultados siempre correspondieron á mis deseos. Empezó la junta á ejercer sus funciones, me faltaron las facultades que le habia cedido; á los pocos dias de su instalacion, ya ví cuál habia de ser el término de mis sacrificios: desde entonces me compadeció la suerte de mis conciudadanos. Estaba en mi arbitrio volver á reasumir los mandos, debia hacerlo, porque así lo exigia la salvacion de la patria; ¿pero podria resolverme sin temeridad á tamaña empresa, fiado solo en mi juicio? ¿Ni cómo consultarlo, sin que el proyecto trascendiese, y lo que era solo amor á la patria y deseos de su bien, se atribuyese á miras ambiciosas y espreso quebrantamiento de lo prometido? Además: en el caso de haber hecho lo que convenia, el plan de Iguala se dilataba, y yo queria sostenerle, porque lo consideraba la egida de la felicidad general. Estas fueron las verdaderas razones que me contuvieron, á las que se añadian otras de no menos importancia. Era preciso chocar con la opinion favorita del mundo culto, y hacerme por algun tiempo objeto de la execracion de una porcion de hombres infatuados por una quimera que no saben, ó no se acuerdan de que la república mas celosa de su libertad tuvo tambien sus dictadores. Añádase que soy consiguiente en mis principios: habia ofrecido formar la junta, cumplí mi palabra; no gusto de destruir mis hechuras.

Algunos diputados idólatras de su pasion, de aquellos hombres que tienen en poco el bien público, cuando se opone á sus intereses; que habian adquirido algun concepto por acciones generosas, para los que reciben el beneficio sin conocer las miras ocultas del bienhechor; que saben intrigar; que tienen la felicidad de humillarse con bajeza cuando les conviene, y desplegar todo el orgullo de carácter cuando preponderan, y que me odiaban, porque mi reputacion hacia sombra á su vanidad, empezaron á fomentar dos partidos irreconciliables, que se conocieron despues con los nombres de republicanos y borbonistas: unos y otros tenian por objeto principal destruirme. Aquellos fueron mis enemigos, porque estaban convencidos de que jamás me reducirian á contribuir al establecimiento de un gobierno, que á pesar de todos sus atractivos no conviene á los mexicanos (1). Los borbonistas fueron mis enemigos, porque una vez manifestada la resolucion del gobierno en Madrid por medio del decreto de 13 de Febrero es-

---

(1) La naturaleza nada produce por saltos, sino por grados intermedios. El mundo moral sigue las reglas del mundo físico: querer pasar repentinamente de un estado de abatimiento cual es el de la servidumbre, de un estado de ignorancia como el que producen trescieneos años, sin libros, sin maestros, y siendo el saber un motivo de persecucion, querer derrepente y como por encanto adquirir ilustracion, tener virtudes, olvidar preocupaciones, penetrarse de que no es acreedor á reclamar sus derechos el hombre que no cumple sus deberes, es un imposible, que solo cabe en la cabeza de un visionario. ¡Cuántas razones se podrian exponer contra la soñada república de los mexicanos, y que poco alcanzan los que comparan á lo que se llamó Nueva España con los Estados-Unidos de América! Las desgracias y el tiempo dirán á mis paisanos lo que les falta. ¡Ojalá me equivoque ☞

(véase el apéndice número 3) espedido despues por la gobernacion de ultramar, en que se desaprobaba la conducta del general O'Donojú, quedaba sin fuerza el tratado de Córdova, en cuanto al llamamiento de los Borbones, y vigente con respecto á estar la nacion en plena libertad para elegir por monarca á quien considerase mas digno. Los borbonistas pues, no tenian por objeto el que reinase un Borbon en México. sino que volviesemos á la antigua dependencia: retrogradacion imposible, atendida la impotencia de los españoles y la decision de los americanos; y de aquí es, que yo quedaba hecho el blanco de ambas facciones, porque teniendo en mi mano la fuerza, y siendo el centro de la opinion, para que cualquiera de ellas preponderase, era preciso que yo no existiese. Los directores de estas facciones no perdonaban medio de adquirirse prosélitos, y encontraron en efecto muchos que les siguieran; unos que menos hábiles se dejaban reducir con facilidad, por que no veian en los proyectos mas que lo que se les queria presentar, y no hay alguno á quien no se le puedan dar diversos aspectos; otros porque en un trastorno esperaban mejorar de fortuna; otros en fin, porque siempre disgustados del órden establecido, sea el que fuese, siempre aprecian la novedad: bien podia nombrar entre estos algunos que se precian de literatos, y que figuran en la revolucion.

El primer deber de la junta despues de instalada, era formar la convocatoria para un congreso que diese constitucion á la monarquía: desempeñó este deber mas tarde de lo que convenia, é incurrió en faltas muy considerables. La convocatoria era defectuosísima; pero con todos sus defectos fué aprobada, y yo no podia mas que conocer el mal y sentir. No se tuvo presente el cupo y poblacion de las provincias; y de aquí es que se concedió un diputado por ejemplo á la que tenia cien mil habitantes, y cuatro á la que tenia la mitad. Tampoco entró en el cálculo que los representantes debian estar en proporcion de la ilustracion de los representados; de entre cien ciudadanos instruidos, bien pueden sacarse tres ó cuatro que tengan las cualidades de un buen diputado; y entre mil que carecen de ilustracion y de principios, con dificultad se encontrará tal vez á quien la naturaleza haya dotado de penetracion para conocer lo conveniente; de imaginacion para ver los negocios por los aspectos precisos, al ménos para no incurrir en defectos notables; de firmeza de carácter para votar por lo que le parezca mejor, y no variar de opinion. una vez convencido de la verdad; y de la experiencia necesaria, para saber cuáles son los males que afligen á su provincia y el modo de remediarlos; pues aun cuando esto último no esté á su alcance, bastaria que oyendo supiese distinguir (1).

———

(1) Si no han padecido extravío los archivos de las secretarías de Estado, deben encontrarse en las primeras representaciones de casi todas las provincias, reclamando la nulidad de las elecciones de diputados: los habia tachados de conducta publicamente escandalosa, los habia procesados con causa criminal, los habia quebrados, autores de asonadas militares, capitulados que despreciando el derecho de la guerra y faltando á su palabra, habian vuelto á tomar las armas contra la causa de la libertad, y batidos habian capitulado por segunda vez: los habia, anti-independientes, y hasta un fraile habia, estando prohibido fuesen diputados aun los religiosos. Ofrecian tambien probar los autores de las representaciones, haberse faltado en la eleccion á las reglas prescritas en la convocatoria, y no ser los elegidos los que deseaba la mayoría, sino los que habia sabido intrigar mejor. Estos expedientes fueron todos á mi secretaría, siendo generalísimo almirante, desde donde los mandé pasar, ya emperador, á la de Relaciones interiores, para que se archivasen: no quise dirijirlos al congreso, porque en él estaban los que habian aprobado los poderes en la junta, y porque aun cuando se obrara de justicia, lo que no era de esperar, consideré en estos documentos un semillero de odios, causa de averiguaciones y pleitos; se perderia el tiempo en nuevas elecciones, pues las mas debian rehacerse, y lo que importaba mas en mi concepto era, constituirnos cuanto ántes; y últimamente,

Estas nulidades eran suficientes para no esperar nada bueno de la convocatoria de la junta: tenia mil otras de que no hago mencion, porque no me he propuesto impugnarla; pero no puede pasarse en silencio la de haber de nombrarse los diputados á voluntad, no del partido, esto es, de la pluralidad de los ciudadanos, sino á la de los ayuntamientos de las capitales: véase qué injuria se hizo al pueblo.

Dióse voto en la eleccion á los electores, porque no podia privárseles de él, y dióse tambien á todos los individuos que formaban el ayuntamiento de la cabeza de partido para la eleccion de ayuntamientos: se pudo y se intrigó en efecto con facilidad, porque no es tan general el prurito de aspirar á estos cargos públicos, como lo es el de ambicionar tener lugar en un congreso: formados pues, los ayuntamientos á su placer, y por consiguiente viciados, y teniendo todos sus individuos voto en la eleccion, resultó no haber mas electores que los ayuntamientos: lo que concibe con facilidad todo el que sabe cuán despoblado se halla aquel país y

---

porque suponia que los defectos en que incurriese aquel congreso se enmendarian por el que le reemplazase: este modo de discurrir seria desatinado en cualquiera otra circunstancia: en aquella tenia lugar, porque se trataba de evitar males mayores.

la desproporcion que se encuentra de vecindario entre las villas y sus anexos. Mas claro: tiene la ciudad, capital de provincia, cuatro, ocho ó diez mil vecinos sin contar á México, que pasa de ciento setenta mil habitantes y otras: los ayuntamientos de estos grandes pueblos constan de cuarenta, cincuenta ó sesenta individuos; los partidos que han de mandar á la capital sus electores, apénas les cabe nombrar ocho, nueve ó diez: por consiguiente este número de electores en concurrencia con aquel número de individuos del ayuntamiento, queda reducido á la nulidad: ó lo que es lo mismo, se engañó al pueblo diciéndole que existia en él la soberanía, que iba á delegarla en sus diputados, y que al efecto iba á nombrarlos, no habiendo tal nombramiento, sino por parte de los ayuntamientos, ó mas bien, de los directores de aquella máquina, que luego quedaron en el congreso, despues de la cesacion de la junta, para continuar sus maniobras como lo hicieron.

A esta convocatoria, así concebida, se agregó la intriga en las elecciones. No se buscaron los hombres mas dignos: tampoco los decididos por un partido determinado: bastaba que el que habia de elegirse fuese mi enemigo, ó tan ignorante (1) que

---

(1) Para dar una idea de los conocimientos políticos de algunos diputados, baste citar el ejemplo de

pudiese ser persuadido con facilidad: con solo uno de estos requisitos, ya nada le faltaba para desempeñar encargo tan sagrado, como el que iba á conferírsele. Se verificaron, pues, las elecciones, y resultó un congreso tal cual se deseaba, por los que influyeron en su nombramiento. Algunos hombres verdaderamente dignos, sábios, virtuosos, de acendrado patriotismo, fueron confundidos con una multitud de intrigantes presumidos y de intenciones siniestras; aquellos disfrutaban de un concepto tan general que no pudieron las maquinaciones impedir tuviesen muchos sufragios á su favor. No quiero ser creido por mi palabra. Examínese lo que hizo el congreso en ocho meses, que corrieron desde su instalacion hasta su reforma: su objeto principal era formar la constitucion del imperio: ni un solo renglon se escribió de ella. En el país mas rico del mundo, el erario estaba ex-

---

uno de ellos, que comprendido en la causa de conspiracion de que se hablará despues, queria que se le respetase como agente diplomático de la que llamaba república de San Salvador de Guatemala en insurreccion, que se tranquilizó luego, persuadido á que no habia incompatibilidad en ser diputado de un congreso, y agente diplomático de una potencia extranjera, ante la nacion á quien representa aquel. Este es un hecho que resulta de la sumaria formada, que debe obrar en la primera secretaría de Estado.

hausto, no habia con que pagar el ejército, ni á los empleados: no habia de hacienda ni aun sistema establecido, pues el que regia en tiempo del gobierno español se habia abolido, sin sustituirle otro: el congreso no quiso ocuparse de negocio tan importante, á pesar de las reclamaciones repetidas y urgentes que hice de palabra y por medio de los secretarios de Estado. La administracion de justicia estaba abandonada, pues en un trastorno como el que acaba de suceder, unos ministros habian salido del imperio, otros abrazaron diversos destinos; y los partidos y los tribunales se hallaban casi disueltos: tampoco sobre esto se dictaron providencias por los vocales del congreso, y en una palabra, necesitando la patria su auxilio para todo, nada hicieron en un imperio naciente. Los discursos que se dirigieron, de ninguna importancia; y si alguno se versó sobre materia digna, fué á lo ménos impertinente, porque no era la ocasion de tratarla. Qué honores fúnebres debian hacerse á los gefes de la insurreccion, que ya habian fallecido. Cómo habia de jurar el arzobispo. Quién habia de nombrar el supremo tribunal de justicia y reclamar un fraile apóstata, preso en el castillo de San Juan de Ulúa...... Estos fueron, con otros semejantes, los graves asuntos de que se ocupó un cuerpo por su institucion tan respetable. Ni reglamento interior se formó: de aquí es que llegó á ser el oprobio del pueblo, y á caer en un estado de abyeccion y abatimiento. Los papeles públicos le zaherian, y aun algun diputado escribió manifestando su parecer, que era el de que el cuerpo debia reformarse (1). Era visto, pues, que el objeto de los que daban movimiento á aquella máquina, no era otro que el de ganar tiempo y engañarse recíprocamente, hasta encontrar la ocasion, que ocultamente trabajaban porque llegase, para dejar caer la máscara. A pesar de la astucia que emplearon y la disimulacion con que procuraron manejarse, el pueblo y el ejército traslucieron sus intenciones: éstos no querian dependencia ni república, ni que aun se me espusiese á un desaire: véase, pues, cómo toda la nacion recibia ya con desconfianza, las determinaciones que traian su orígen de un cuerpo viciado.

Por el mes de Abril de 22 ya se notaban agitaciones, que amenazaban anarquía: un hecho público, escandalosamente manejado, descubrió la hipocresía. El congreso depuso á tres regentes, dejando solo uno, reputado enemigo mio, para redu-

---

(1) D. Lorenzo Zavala, diputado por la provincia de Mérida de Yucatan, en aquella ocasion y en otras, opinó públicamente por la reforma del congreso, y fué, despues que varió la escena, uno de los que mas murmuraron del gobierno.

cir mi voto á la nulidad en el poder ejecutivo: no se atrevieron á deponerme, temiendo ser desobedecidos por el ejército y el pueblo, entre quienes sabian el concepto que disfrutaba. Esta determinacion se tomó: y habiéndose presentado el punto resultó discutido, y ejecutado en una sola sesion, sin embargo de que estaba decretado anteriormente, que toda proposicion que se hiciese, habia de leerse tres veces, en tres distintas sesiones, ántes de pasar á discutirse. Despues de este paso quisieron aventurar otro, presentando la comision encargada un reglamento para la regencia, en el que se declaraba incompatible el mando militar en un miembro del poder ejecutivo: les tenia recelosos tuviese á mi disposicion bayonetas; era muy natural el miedo en hombres de su especie. Este reglamento, aunque no se llegó á aprobar por falta de tiempo, no dejó duda de los tiros que se me asestaban, y fué el que apresuró el suceso de 18 de Mayo. A las diez de la noche de aquel dia memorable, me aclamó el pueblo de Mexico y su guarnicion emperador. *¡Viva Agustin primero!* fué el grito universal que me asombró, siendo la primera vez de mi vida que experimenté esta clase de sensacion. Inmediatamente, como si en todos obrase un mismo sentimiento, se iluminó aquella gran capital. Se adornaron los balcones, y se poblaron de gentes que respondian llenas de júbilo á las aclamaciones de un pueblo inmenso que ocupaba las calles, especialmente las inmediatas á la casa de mi morada. No hubo un solo ciudadano que manifestase desagrado: prueba de la debilidad de mis contrarios, y de lo generalizada que estaba la opinion á mi favor. Ninguna desgracia, ningun desórden. Agustin primero llenaba en aquellas horas la imaginacion de todos. Lo primero que se ofreció á la mia, fué salir á manifestar mi repugnancia á admitir una corona, cuya pesadumbre ya me oprimia demasiado: si no lo hice, fué cediendo á los consejos de un amigo que se hallaba conmigo: "lo considerarán un desaire, tuvo apénas lugar de decirme, y el pueblo es un mónstruo, cuando creyéndose despreciado se irrita: haga vd. este nuevo sacrificio al bien público: la patria peligra: un momento de indecision es el grito de muerte." Hube de resignarme á sufrir esta desgracia, que para mí era la mayor, y emplee toda aquella noche fatal para mí, en calmar el entusiasmo, en preparar al pueblo y á las tropas, para que diesen lugar á decidir y á obedecer la resolucion del congreso, única esperanza que me restaba. Salí á hablarles repetidas veces, ocupando los ratos é intermedios en escribir una pequeña proclama, que hice circular la mañana siguiente, en la que expresaba los mismos sentimientos, en convocar la regencia, en reunir á los generales y gefes, en dar conocimiento oficial al presidente del congreso, y pedirle que citase inmediatamente una sesion extraordinaria. La regencia fué de parecer que debia conformarme con la opinion general: los gefes del ejército añadieron, que así era la voluntad de todos: que así convenia: que yo no podia disponer de mí mismo, desde que me habia dado todo á la patria: que sus privaciones y sufrimientos serian inútiles, si partia por la negativa que habiéndose comprometido por mí, y obedeciéndome sin restricciones, se [creian acreedores á mi condescendencia.] En seguida extendieron una representacion al congreso, suplicándole tomase en consideracion negocio tan importante. Tambien firmó el presidente de la acta de Casa de Mata, y uno de los actuales miembros del poder ejecutivo.

Reunióse en efecto el congreso la mañana siguiente. El pueblo se agolpaba á las galerías y entrada al salon: no cesaban los aplausos: el alboroto era general. Los discursos de los diputados eran interrumpidos por la multitud de impacientes. Es muy difícil observar órden en estos momentos: pero discusion tan importante exigia que lo hubiese, y para restablecerlo quiso el mismo congreso que yo asistiera. Nombróse una comision que me comunicase el llamamiento: lo repugné, porque debiéndose tratar de mi persona, hallarme presente se consideraria un obstáculo, para hablar con libertad y manifestar cada uno su opinion clara y francamente: insistió la diputacion é instaron los generales (1); ya era preciso ceder á todo, salí inmediatamente para dirigirme al punto donde se hallaba reunido el congreso. Las calles estaban intransitables, ocupadas por las reuniones de aquella numerosa poblacion: me quitaron los tiros del coche y fuí conducido por el pueblo hasta el punto que me dirigia: á mi entrada en el salon resonaron con mas entusiasmo los vivas, que no habian cesado de repetirse en toda la carrera.

Se discutió el punto del nombramiento, no hubo un solo diputado que se opusiese á mi ascenso

---

(1) Uno de los mas empeñados en que yo concurriese á la sesion de aquel dia, fué el teniente general D. Pedro Celestino Negrete, hoy miembro del poder ejecutivo. Este habia sido ántes mi amigo, lo aparentaba entónces, y continuó manifestándose tal, casi hasta los últimos momentos de mi abdicacion, á cuyo tiempo ya me dió á conocer, que su trato nunca habia si lo sincero, y que es de aquellos hombres que se plegan con facilidad á las circunstancias. El amor propio suele hacernos creer que tenemos algun mérito, para fijar la voluntad de aquellos, que habiendo sido malos amigos de otros, nos persuadimos, podemos hacerlos buenos nuestros.

Negrete habia sido ingrato con el general Cruz, á quien debió obsequios y sus ascensos en la carrera militar; y no era difícil preveer haria conmigo lo que habia hecho con su bienhechor.

al trono; lo único que se expuso por algunos, fué que no consideraban que hubiese en sus poderes tanta extension, que les facultasen á decidir en la cuestion propuesta, y que les parecia conveniente dar conocimiento á las provincias, pidiendo ampliacion á los poderes ya concedidos ú otros especiales para este solo caso: apoyé (1) esta opinion que me daba lugar á buscar el medio de evadir la admision de mi destino, que siempre habia visto, puedo asegurar, con horror; pero la mayoría opinó en contra y quedé aprobado por setenta y siete votos contra quince (2). Estos no me negaron sus sufragios; redujéronse solo á repetir que se consultase á las provincias, porque no se consideraban facultados, aunque estaban persuadidos de que así

---

(1) Hasta tercera vez hablé al pueblo, apoyando las razones en que fundaban su parecer los diputados que opinaron de esta manera, esforzando cuanto pude los principios en que se fundaban, con tanto mas calor, cuanto era para mí grande el interés que tenia en que se siguiese su dictámen: razones dichas con firmeza, y hasta el ruego emplee para persuadir; todo fué en vano.

(2) Noventa y cuatro diputados asistieron á la sesion, dos se salieron sin votar, lo que no obsta para que sean contados, á pesar de que sin ellos tambien estaba completo el número requerido, como se verá despues.

pensaban sus comitentes, y de que así convenia. Jamás se vió en México dia de mas satisfaccion; todas las clases manifestaron regocijo: volví á mi casa como habia venido, esto es, en brazos de los ciudadanos; y se apresuraron todos á felicitarme, mostrándome el placer que les resultaba de haber cumplido sus votos.

Se circuló la noticia á las provincias por extraordinarios; y vinieron succesivamente las contestaciones, no solo aprobando todo lo hecho, sin que un solo pueblo disentiese, sino añadiendo que aquel habia sido su deseo, el que no habian manifestado mucho ántes, por hallarse comprometidos á observar el plan de Iguala y tratados de Córdoba, que habian jurado. Tambien hubo quien me felicitase, hallándose á la cabeza de su cuerpo de tropas, y con influjo en una considerable extension de terreno, diciéndome que era su mayor satisfaccion, y tanto que ya tenia dispuestas sus cosas, para proclamarme en caso de que no lo hubiesen hecho en México (1). Los autores de los libelos que se han escrito contra mí, no se han olvidado de las ocurrencias del 18 y 19 de Mayo, en las que me pin-

---

(1) El brigadier Santa-Anna, coronel del regimiento núm. 8 de infantería, el primero que dió la voz de república en la plaza de Veracruz, y uno de los que mas han declamado contra mi instalacion al trono.

tan como nn tirano ambicioso, atribuyéndome los movimientos y ocurrencias de aquellos dias, y suponiéndolos producciones de manejos ocultos mios y de intrigas de mis amigos. Estoy seguro de que no probarán estas aserciones, ni podrán tener crédito entre los que saben, que al ingreso á México el 27 de Setiembre, y al tiempo de jurar la independencia en 27 de Octubre, se quiso tambien proclamarme emperador, y no lo fuí porque no quise serlo (1); costándome no poca dificultad reducir á los que entónces llevaban la voz, porque desistiesen de su proyecto, y no se empeñasen en retribuir mis servicios con el mayor de los malos.

Si yo hubiese tenido, como se me imputa, las miras de ceñirme la corona, no hubiera dicho lo contrario en el plan de Iguala, añadiendo esta dificultad á las que la empresa traia consigo; y si este plan tuvo por objeto alucinar, como se quiere decir, ¿qué razon podrá darse para que repitiese lo mismo en el tratado de Córdoba, cuando nadie podia obligarme á disimular? ¿Y si hasta entónces por un fin particular procuré ocultar mis designios, qué ocasiones habria encontrado mas favorables á su cumplimiento, que los dias 27 de Se-

---

(1) Véase lo que dice el congreso en su manifiesto de 21 de Mayo, y lo que copio en los documentos n. 4.

tiembre y 27 de Octubre del mismo año? Todo el imperio se dirigió por mi voz: no habia mas fuerzas que las que yo mandaba: era el primer gefe del ejército: no habia un solo soldado á mis órdenes contra su voluntad: todos me amaban y los pueblos me llamaban su libertador: no me amenazaban enemigos por ninguna parte: ya no habia tropas españolas: el gobierno de Madrid no tenia á quien dirigir sus decretos en Nueva España: los esfuerzos de aquella corte que yo sabia donde podian extenderse, no me imponian. Si cuando no solo pude ser emperador, sino que tuve que vencer mil dificultades para dejar de serlo, no empuñé el cetro, ¿cómo podrá decirse que despues lo debí á la intriga y á la cábala?

Se ha dicho tambien que no hubo libertad en el congreso para mi eleccion (1), alegándose que

---

(1) ¿Si no tuvieron libertad el 19 de Mayo, la tendrian el 3 de Abril cuando declararon nulos los actos de mi gobierno? No tardará en salir otro decreto de nulidad y otros, miéntras el congreso sea el mismo. El 19 de Mayo la votacion fué secreta, el 2 de Abril pública, en presencia de los gefes de la revolucion y de muchos jóvenes militares, que ya habian perdido la disciplina y el respeto á las autoridades: El 19 de Mayo me tenian á mí, que los sostuviese: así lo ofrecí en la misma sesion; así lo dije en mi proclama del mismo dia; así lo manifestó siempre: pruebas tenian de

asistí á ella. Ya se ha visto que lo hice porque el mismo congreso me llamó: que las galerías no dejaban hablar á los diputados, no es tan cierto: que cada uno expuso su parecer, sin mas que algunas interrupciones: esto sucede siempre que se discute una materia importante, sin que por ello los decretos así discutidos, dejen de ser tan legítimos como los que resultan de una sesion secreta: que me acompañaron algunos gefes: el destino que yo entónces obtenia, el objeto para que habia sido llamado, exigia trajese á mi lado quien comunicara mis órdenes, en casos necesarios (1). Tambien es

que só cumplir mi palabra. ¿Empero con quién contaban cuando extendieron el decreto de nulidad? Con ejército mandado por hombres que resistieron á reconocerles despues de reinstalados, y dijeron que se someterian solo á sus decisiones, si estas eran contra mí: así resulta de una acta formada en Puebla, que corre en los papeles públicos.

(1) Por mas que se quiera decir, que mi acompañamiento impuso al congreso, los mismos que lo dicen están convencidos de que ni es ni puede ser cierto: cuatro ayudantes y el comandante de mi escolta componian mi comitiva; hasta seis ú ocho capitanes, y subalternos ví ademas que se mezclaron entre el pueblo, que estaba agolpado á la puerta del salon; estos no iban conmigo, ni eran mas en aquel, que unos de tantos curiosos; pero ni estos, ni aquellos, ni los mili-

falso que el salon estuviese ocupado por el pueblo y los diputados confundidos entre él. Desgraciadamente, así se ha asegurado por el congreso mismo; y entre los muchos motivos que tengo para estar contento de mi suerte actual, es uno el no tener un imperio en que me confirmaron hombres tan inexactos y tan débiles, que no se avergüenzan de faltar á la verdad, y decir á la faz del mundo que tuvieron miedo y obraron contra su conciencia, en el negocio mas grave que pudo presentárseles jamás. ¿Qué confianza podrán tener de ellos las provincias? ¿Qué cargo podrá conferírseles con probabilidad del buen éxito? ¿Y qué concepto debe formarse de quien ni tiene carácter, ni rubor para manifestar su cobardía? Yo habria castigado como un infame, á todo el que hubiese dicho que el congreso no habia obrado libremente; pero una vez que él mismo lo dice, y que yo no tengo facultades para juzgarle, los que le oigan dirán lo que les parezca, y la posteridad lo hará sin duda de una manera poco decorosa á su nombre.

Se asegura que no hubo número suficiente de

---

tares, ni los paisanos, ni nadie, dijo. ni hizo cosa que pudiese parecer amenaza, ni imponer, no ya á una reunion de hombres escogidos; pero ni aun á que hubieran ido eligiendo los mas débiles.

diputados, para que fuese válida la eleccion. Noventa y cuatro concurrieron: ciento setenta y dos eran el total de lo que ántes se llamó vireinato de México: al reino de Guatemala que se agregó despues del imperio, no pudieron asignársele, porque hicieron las elecciones en unos partidos conforme á la constitucion española, en otro segun una convocatoria particular que firmaron: exceptuando tambien los que debieron venir por las provincias de San Salvador, con quienes se contó y no debió contarse, porque habian proclamado un gobierno independiente de los mexicanos: podian llegar á veinte cuando más los que resultan, y así un total de ciento ochenta y dos, cuya mitad es noventa y uno, asistieron noventa y cuatro, aunque no votaron mas que noventa y dos: de lo que se sigue que con todas las restricciones que se quiera, hubo la mitad y uno mas que exige la constitucion de España: añádase que estaba decidido se observase en este punto la expresada constitucion, pues muchos decretos tuvieron fuerza, no habiendo concurrido á la sesion, en que se acordaron mas de sesenta ú ochenta diputados. ¿Y que dirán los sostenedores de la nulidad, al ver que en 22 de Junio de 22 el congreso, por sí solo, sin gestion alguna por parte del gobierno, sin concurrencia extraordinaria que interrumpiese á los diputados, ni apresurase los discursos, sin que mi presencia les sirviese de obstáculo, ni movimiento en el pueblo y en la mayor tranquilidad toda la guarnicion, resolvió con una unidad absoluta de ciento nueve que asistieron (1), hereditaria la corona en mi familia por succecion inmediata, dando el título de Príncipe del Imperio á mi hijo promogénito, á quien designaron heredero: de Príncipes mexicanos al resto de mis hijos: Príncipe de la Union á mi padre, y Princesa de Iturbide á mi hermana? Tambien hicieron el reglamento de la inauguracion, y todo sin que hubiese antecedido, ni ocurrido los motivos que alegaron para la violencia en la aclamacion. No es esto representar derechos que de muy buena voluntad renuncié, estoy decidido á no reclamar jamás, sino contestar cabilaciones, y dar á conocer la mala fe con que se ha obrado.

Para evitar murmuraciones despues de mi eleccion, no dispensé aquellas gracias que ya está en práctica prodigar en casos de tal naturaleza (2).

---

(1) Se trató de expresar en el acta por aclamacion la declaracion de la dinastía, y no se expresó, porque alguno expuso, que el punto habia sido discutido, y esta circunstancia impedia que se dijese habia sido por aclamacion; sin embargo de que ninguno habia discutido.

(2) El brigadier Santa-Anna que tenia dispuesto proclamarme sin consultar al congreso, ofreció y dió grados á los oficiales con quienes contaba, yo y lo desaprobé.

No es cierto, pues, que repartí dineros ni otros empleos, que el de capitan á un sargento, no porque hubiese contribuido á mi proclamacion, sino porque mereciendo el mejor concepto al cuerpo en que servia, quise dar á los soldados una prueba de mi afecto hácia ellos, ascendiendo al que consideraban digno de una clase superior. Véase lo que dijo el congreso á los mexicanos despues de haberme elegido (apéndice 5), y compárese lo que dijo él mismo en el decreto de 8 de Abril de este año (apéndice 6). Esta conducta del gobierno mexicano prueba bastante, que los mismos que se ponian á la cabeza del partido republicano, carecian de las virtudes indispensables para tal forma de gobierno.

He dicho muchas veces ántes de ahora, y repetiré siempre, que admití la corona por hacer á mi patria un servicio y salvarla de la anarquía. Bien persuadido estaba de que mi suerte empeoraba infinitamente, de que me perseguiria la envidia, de que á muchos desagradarian las providencias que era indispensable tomar, porque es imposible contentar á todos, de que iba á chocar con un cuerpo lleno de ambicion y de orgullo que declamando contra el despotismo trabajaba por reunir en sí todos los poderes, dejando al monarca hecho un fantasma, siendo él en la realidad el que hiciese la ley, la ejecutase y juzgase; tiranía mas insufrible, cuando se ejerce por una corporacion numerosa, que cuando tal abuso reside en un hombre solo: los mexicanos habrian sido ménos libres que los que viven en Argel, si el congreso hubiese llevado todos los proyectos adelante: tal vez se desengañarán: y ojalá no sea tan tarde que se les hagan innumerables las dificultades; bien persuadido estaba de que iba á ser un esclavo de los negocios, que el servicio que emprendí no seria agradecido de todos, y que por una fortuna que para mí no lo era, y siempre tuve por instable, iba á dejar abandonado y perder lo que poseia, lo que heredé y adquirí, y que era bastante para que siempre mis hijos pudiesen vivir cómodamente en cualquiera parte.

Con mi subida al trono parecia que habian calmado las disensiones; pero el fuego quedó encubierto y los partidos continuaban en sus maquinaciones, disimularon por poco tiempo, y volvió á ser la conducta del congreso el escándalo del pueblo. Tuve denuncias repetidas de juntas clandestinas, habidas por varios diputados, para formar planes que tenian por objeto trastornar el gobierno (jurado por toda la nacion, cuyo acto religioso se verificó en varias provincias, con solo la noticia de alguna carta particular, sin esperar avisos oficiales). Bien penetrados estaban los facciosos, de que chocaban con la voluntad general, y creyeron necesario propagar que yo me queria erigir en monarca absoluto, para tener algun pretexto de seduccion. Ni una sola razon expusierón jamás que pudiese servir de prueba á este cargo: ¿ni cómo podria probársele al que, por dos veces excusó admitir la corona que se le ofrecia, al que cuando no conoció rival en la opinion y fuerza, no solo no procuró conservar el poder ilimitado que obtenia, sino que le desmembró, dividiéndole y cediéndole? Cuando entré en México, mi voluntad era la ley, yo mandaba la fuerza pública, los tribunales no tenian mas facultades que las que emanaban de mi autoridad. ¿Pude ser mas absoluto? ¿Y quién me obligó á dividir los poderes? Yo, y solo yo, porque así lo consideré justo. Entónces no quise ser absoluto. ¿Y lo desearia despues? ¿Cómo podrán probar variaciones á extremos tan probados?

La verdadera razon de la conducta del congreso, no es otra, sino que esta máquina se movia por el impulso que le daban sus directores, y éstos miraban con ódio que yo hubiese hecho la independencia, sin el auxilio de ninguno de ellos, cuando quieren que todo se les debiese; y ya que no tuvieron valor ni talentos, para decidirse á tomar parte en la epoca del peligro, querian figurar de algun modo, alucinando á inocentes, cuando nada tenian que hacer, sino emplearse en disputar como escolares, esforzar la voz para que los ignorantes los tuviesen por sábios.

Habian llegado á mis manos tantas denuncias, quejas y reclamaciones, que ya no pude desentenderme, ora porque veia expuesta la tranquilidad y seguridad pública, ora porque tales documentos fueron dirigidos por las secretarías; y de cualquiera desgracia (que estuvieron muy próximas las mayores), yo habria sido responsable á la nacion y al mundo.

Me decidí, pues, á proceder contra los indicados de la manera que estaba en mis facultades: si alguno me las disputa que vea el art. 17 de la constitucion española, que en esta parte estaba vigente (a).

El 16 de Agosto mandé proceder á la detencion de los diputados comprendidos en las denuncias, y contra de quienes habia datos de ser conspiradores (1). Si estos datos eran legítimos y si tuve

---

(1) Los que mas instaron á que arrestase á los diputados, los que entónces nada solicitaban, sino que se les impusiese la pena capital, los que comunicaron las órdenes; los que las ejecutaron, son los que mas han figurado en la última revolucion, y los que repentinamente se convirtieron en republicanos. Santa-Anna de palabra y por escrito me importunó mil veces para que disolviese el congreso, ofreciéndose á ir en per-

razon para decidirme á un paso que ha llamado violento y despótico; dígalo el fiscal de la sumaria, cuyo parecer fué aprobado en todas sus partes por el consejo de Estado (1).

El congreso reclamó imperiosamente á los detenidos y pidió los motivos de la detencion, para que fuesen juzgados por el tribunal de cortes; resistí la entrega hasta que se concluyese la sumaria, y hasta que se decidiese por quién habian de ser juzgados, pues no podia convenir en que fueran por el citado tribunal, individuos del mismo congreso, sospechosos de estar comprendidos en la conspiracion, parciales miembros de un cuerpo cuya mayoría estaba desacreditada, pues entre otras pruebas de su mala fé, habia dado la de mirar con

---

sona á echarlos del salon á bayonetazos. Echávarri arregló los lugares de detencion, hizo por medio de oficiales de su cuerpo el arresto de varios diputados. Negrete algun tiempo ántes me habia dicho era necesario resolver, porque ya el congreso era un obstáculo á la felicidad pública. Calvo sumarió y aprehendió al brigadier Parres: y todos, ó casi todos ellos se apresuraron á felicitarme, por el servicio importante que habia hecho á la patria.

(1) Uno de los consejeros que aprobaron el parecer fiscal que se copia en los documentos núm. 8, fué el brigadier Bravo, hoy miembro del poder ejecutivo, y uno de los primeros gefes de la última revolucion.

indiferencia las indicaciones que le hice, en 3 de Abril sobre los manejos ocultos de algunos de ellos, habiendo tenido la poca delicadeza de asistir á la sesion los comprendidos en mis indicaciones, entre los cuales se contaba el que era entónces presidente.

En contestaciones se pasó el tiempo, hasta el 30 de Octubre: á esta fecha el descontento del pueblo amenazaba é iba á acabarse su sufrimiento, del que se habia abusado; los escritores multiplicaron sus invectivas, las provincias se resistian á contribuir con las dietas á unos apoderados que no desempeñaban su encargo (1). La representacion nacional ya se habia hecho despreciable, por su apatía en procurar el bien, por su actividad en atraer males, por su insoportable orgullo y porque

―――

(1) El diputado que no tenia otra subsistencia que las dietas, sin embargo de haberlo yo anxiliado de la tesorería general, en calidad de reintegro, con cantidades considerables, vivia lleno de escasez y de acreedores. Los que tenian caudal propio ú otra clase de rentas para subsistir, no por eso se desdeñaban de recibir las dietas de sus respectivas provincias, cuando estas pudieron contribuirlas, y recibieron tambien las veces que se repartió el caudal de tesorería, dando pruebas de su poca generosidad y poco amor al bien comun, ya sea de la sociedad general, ya del cuerpo á que se perteneciese.

habia permitido, que individuos de su seno sostuviesen en sesiones públicas, que ninguna consideracion debia tenerse al Plan de Iguala y tratados de Córdoba, sin embargo que juraron sostener uno y otros, á su ingreso en el santuario de las leyes, y no obstante que estas fueron las bases que les dieron sus comitentes (1). A tamaños males

---

(1) Trataban con desprecio el plan de Iguala, cuando no pudieron hacer otra cosa, porque yo los sostenia como la expresion de la voluntad del pueblo; falté, y ya no se contentaron con hablar, sino que procedieron á anular una de sus bases fundamentales, usando de un sofisma: para anular el llamamiento de los Borbones, anulan la monarquía moderada: ¿qué coneccion tiene uno con otro? En 8 de Abril acordaron un decreto, cuyo tenor es á la letra como se copia en el documento núm. 5 y 6, en el que se dice que no subsisten el Plan de Iguala y Tratados de Córdoba, en cuanto á la forma del gobierno y llamamiento que hace, quedando (la nacion) en plena libertad para constituirse. En efecto, ninguna fuerza tenian ya aquellos documentos con respecto á lo que anula el congreso, sobre el llamamiento de los Borbones; empero su fuerza la perdieron, no porque tal fué la voluntad de la nacion al conferir á los diputados sus poderes, sino porque el gobierno de Madrid no quiso ratificar el tratado firmado por O'Donojú, ni admitir el llamamiento que de sus príncipes hicieron espontáneamente los mexicanos. El congreso no debió decir, que en

ya no bastaban paliativos ni alcanzaban remedios: aquel congreso ni podia existir, así me pareció: del mismo modo pensaron todos los que consulté sobre la materia en el particular: una junta de notables que públicamente tuve en mi palacio, á la que convoqué los hombres mejor reputados, los ministros, el consejo de Estado, los generales y gefes y setenta y dos diputados.

---

ningun tiempo hubo derecho para obligar á la nacion mexicana á sujetarse á ninguna ley ni tratados sino por sí misma ó por sus representantes, etc. pues aunque la proposicion aisladamente es verdadera, es falsísima refiriéndose al plan de Iguala y Tratados de Córdoba: primero, porque uno y otro eran la expresion de la voluntad general de los mexicanos, como ya dijimos en el manifiesto: segundo, porque los poderes que se les confiaron (documento núm. 9), el juramento (documento núm. 10), estaban fundados en estos principios y apoyados en estas bases conforme al Plan de Iguala y Tratados de Córdoba. Se les dice por sus comitentes que constituyan el gobierno del imperio, bajo sus bases fundamentales. Si, pues, estas bases no estaban conforme á lo que exije el derecho público de las naciones libres, ¿de dónde les vino á los diputados formar congreso y á éste las facultades de legislar? Muchos de los decretos de aquel cuerpo están dictados con tan poco discernimiento como este. Pudieron decir muy bien que el llamamiento de los Borbones era nulo, porque ellos no lo admitieron; pero decir

El 30 de Octubre pasé un oficio al presidente del congreso, diciéndole que el cuerpo habia cumplido (1) y sin otras formalidades, sin violencias y sin requisitos, el cuerpo quedó reformado á las doce del dia, sin que nadie tomase parte en su desgracia: por el contrario, recibí felicitaciones de todas partes, y con este motivo volvieron á llamarme libertador del Anáhuac y padre de los pueblos.

Para que un cuerpo tan respetable por su instituto no faltase, y se creyese que yo me abrogaba el poder de hacer las leyes, le sustituí en el mis-

---

que en esta parte es nulo el Plan de Iguala y Tratados de Córdoba, es desatinar, y es tocar al extremo de la ignorancia ó de la malicia, añadir que no pudo ser obligada la nacion á establecer como base la clase de gobierno que creia conveniente, por los mismos que al congreso lo hicieron congreso. Si hubiese sabido lo necesario la mayoria, y obrado con honradez y buena fe, habria respetado el Plan de Iguala, como el orígen de sus facultades y el cimiento del edificio (a).

(1) Este oficio lo entregó al presidente en mano propia el brigadier Cortazar, que entónces dió las gracias por habérsele honrado con tal comision: él fué el que cerró las puertas del edificio, volviendo lleno de satisfacciones, por haber desempeñado un cargo que le era tan grato, y fué de los primeros pronunciados por la república.

mo dia, con una junta que llamé instituyente, compuesta de individuos de su seno, y cuyo número elegido de todas provincias ascendia á cuarenta y ocho suplentes.

Todos habian sido elegidos por sus respectivas provincias: de todas quedaron representantes. Su encargo estaba limitado á formar una nueva convocatoria y á ejercer las funciones de poder legislativo solo en los casos urgentes, teniendo presente en cuanto á lo primero, evitar los grandes defectos de la que formó la junta gubernativa, aplicando su mayor atencion á dejar al pueblo toda libertad, precaviéndole de las cavilaciones de los que abusan de su sencillez.

Dichosamente hasta aquí mis determinaciones eran seguidas por la aprobacion general: tambien recibí felicitaciones por la instalacion de la junta.

A esta época el imperio estaba tranquilo, el gobierno trabajaba por consolidar la prosperidad pública, y enmendados los males interiores, solo restaba posesionarse de San Juan de Ulúa, como único punto que ocupaban los españoles, que domina la plaza de Veracruz, y que releva sus guarniciones con tropas de la Habana, y que por su proximidad á la isla de Cuba, ofrecia todas las comodidades á los enemigos exteriores, para una nvasion.

El brigadier Santa-Anna mandaba la plaza de

Veracruz y era comandante general de la provincia, subordinado á Echávarri, capitan general de la misma; ambos tenian instrucciones relativas á la toma del castillo, se suscitaron entre ellos celos de autoridad, hasta el extremo de sustentar el primero, que el segundo fuera asesinado en una sorpresa por los españoles, para lo que tomó tambien sus medidas. Echávarri debió la vida al valor de una docena de soldados y al aturdimiento de los que le atacaron, segun el testimonio del mismo Echávarri. Con este motivo, unidas las repetidas quejas que tenia contra Santa-Anna del anterior capitan general, de la diputacion provincial, del consulado, de muchos vecinos en particular, como del teniente coronel del cuerpo que mandaba, y de varios oficiales que declamaba contra la arbitrariedad y orgullo del gobierno, me ví en la necesidad de separarlo del mando que se le habia conferido, porque creí que tenia valor, virtud que aprecio en un militar, y esperaba que el rango en que lo colocaba, corregiria los defectos que yo tambien le conocia; suponia igualmente que le haria entrar en razon la experiencia y el deseo de no desagradarme. Yo le habia aprobado el grado e teniente coronel, que le dió por equivocacion el último virey, le habia condecorado á mandar uno de los mejores regimientos del ejército, el gobierno de la plaza mas importante en aquella época, el empleo de brigadier con letras, y hecho segundo cabo de la provincia, siempre le habia distinguido: tampoco quise que esta ocasion quedase desairado; y la órden de separacion, previno al ministro fuese en términos honrosos y acompañada de otra llamándole á la corte, adonde se necesitaba de sus servicios, en una comision que debió considerar como un ascenso.

Nada bastó para contener aquel génio volcánico; se dió por ofendido, se propuso vengarse de quien le colmó de beneficios, aunque fuera con la ruina de la patria: voló á hacer su explosion á Veracruz, á donde no habia llegado aún la noticia de su separacion del mando, y en donde una gran parte de la poblacion es de españoles, á quienes dá influencia su caudal, y están mal avenidos con su independencia, porque con ella se acabó el comercio exclusivo, manantial inagotable de sus riquezas, con perjuicio de las demas naciones, no ménos que de los mexicanos á quienes exigen precios á su placer: aquí fué donde Santa-Anna proclamó república, halagó con grados á los oficiales, engañó con promesas á la guarnicion, sorprendió á la parte honrada del vecindario, é intimidó á los pueblos vecinos de Alvarado y la Antigua, y á los de color de las rancherías inmediatas: quiso sorprender tambien la villa de Jalapa, y fué batido con pérdida de toda la infantería y artillería, y total dispersion de la caballería que se salió por la ligereza de los caballos. Mientras Santa-Anna atacaba á Jalapa, Alvarado y la Antigua por sí mismos volvieron á ponerse bajo la proteccion del gobierno. Este fué el momento de terminar la sublevacion y castigar al traidor. El general Echávarri y el brigadier Cortazar, que mandaban fuertes divisiones y que habian sido destinados á perseguirle, pudieron tomar la plaza de Veracruz, sin resistencia é interponiéndose entre ésta y Santa-Ana, aprehenderle con los restos de caballería que pudo reunir despues de su derrota; pero nada hicieron.

El suceso de Jalapa desengañó á los que habian creido las imposturas de Santa-Anna, quedando este reducido á sola la plaza de Veracruz, y al Puente Imperial, punto verdaderamente militar; que quedó cubierto por doscientos pardos á las órdenes de D. Guadalupe Victoria (1). Encerrado

---

(1) D. Félix Fernandez era llamado, y cuando tomó partido en la insurreccion anterior, adoptó voluntariamente el de Guadalupe Victoria; tiene la virtud de la constancia, pues aunque con sus gerrillas no logró ventaja alguna en favor de la patria, no se presentó en solicitud de indulto, se mantuvo errante por los montes con auxilio de pocos amigos suyos. El último gobierno de México despues de mi separacion

en Veracruz embarcó su equipaje, y agitó el transporte para sí y los mas comprometidos, que ya se disponian á huir luego que fuesen atacados.

Aunque la apatía de Echávarri habria sido bastante motivo para desconfiar de su probidad, no lo fué para mí, porque tenia formado de ella el mejor concepto. Echávarri me habia merecido las mayores pruebas de amistad, le habia tratado siempre como un hermano, le habia elevado de la nada en el órden político al alto rango que ocupaba, le habia hecho confianzas como á un hijo mio, y siento verme en la necesidad de hablar de él, porque sus acciones no le hacen honor.

Dí órdenes para que se pusiese sitio á la plaza, faculté al general para que obrase por sí sin aguardar las resoluciones de la corte, en todos los casos que lo considerase conveniente: tropas, artillería, víveres, municiones, y dinero, nada le faltaba; la guarnicion estaba acobardada; los gefes decididos á abandonarle, la poca elevacion y debilidad de las murallas, hacia muy fácil un asalto, cuando no quisiesen abrir brecha, y por cualquiera parte podia hacerse practicable en una hora. A pesar de todo, solo se verificaron algunas escaramuzas y el

---

del mando supremo, le dió el título de general, sin designarle grado, y le nombró el congreso miembro del **poder ejecutivo.**

sitio duró hasta el 2 de Febrero, dia en que se firmó la acta de Casa Mata, por la que sitiados y sitiadores se unieron para restablecer el congreso, único objeto que decian entónces proponerse.

La falta que creo cometí en mi gobierno (c) fué no tomar el mando del ejército, desde que debí conocer la defeccion de Echávarri; me alucinó la demasiada confianza: ya conozco que (véanse los documentos número 9 y siguientes) esta siempre es perjudicial en hombres de Estado, porque es imposible penetrar hasta donde llega la perversidad del corazon (1).

Ya se ha visto que no fué amor á la patria el que condujo á Santa-Anna á dar el grito de república; júzguese si seria este amor el que sirvió á Echávarri de norma, al saber que en aquel tiempo llegaron á San Juan de Ulúa comisionados del

---

(1) Era Echávarri capitan de un cuerpo principal olvidado del virey y sepultado en uno de los peores territorios del vireinato, en poco mas de un año lo ascendí á mariscal de campo, caballero de la órden del número imperial de Guadalupe, mi edecan y capitan general de las provincias de Puebla, Veracruz y Oajaca: este español era de los que yo colmaba de beneficios, y uno de los que destinaba á que formase el vínculo de union y fraternidad, que siempre me propuse establecer entre americanos y peninsulares, como tan conveniente en ambas naciones.

gobierno español, para pacificar aquella parte de la América, que consideraba en insurreccion. Echávarri se puso en correspondencia con ellos y con el gobernador del castillo: olvidó repentinamente sus justos resentimientos con Santa-Anna, identificándose con este en opinion, olvidó mi amistad, olvidó lo que debia á los mexicanos, olvidó hasta su honor, porque el adherirse al sistema de su enemigo, que no era aun el particular, capitular con él siendo muy superior en fuerzas, es un negro é indeleble borron para aquel general. ¿Seria que Echávarri se acordó de su orígen, y quiso hacer á sus paisanos un servicio por el que olvidase su conducta anterior? No quiero calificarle fijando mi juicio: ya lo harán los que no pueden ser tachados de parcialidad (b).

Celebrada la acta de Casa de Mata, unidos sitiados y sitiadores, se precipitaron como un torrente por las provincias de Veracruz y Puebla, sin contar para nada con el gobierno y sin ninguna consideracion para mí, sin embargo de que era capítulo terminante remitirme la expresada acta con una comision, que se redujo á un oficial, quien se presentó cuando el ejército todo estaba en movimiento, ocupados todos los puntos á que les alcanzó el tiempo, y sin encargo de esperar contestacion, para saber si se admitia ó rechazaba en todo ó en parte. Se expresaba tambien en el acta, que no habia de atentarse contra mi autoridad y mi persona.

El marqués de Vivanco mandaba interinamente á Puebla, tambien era de los agraciados por mí: nunca fué ni pudo ser jamás republicano (e), aborrecia personalmente á Santa-Anna, y él era odiado del ejército por anti-independiente y por su carácter adusto: con todos: tambien Vivanco se unió á los rebeldes y Puebla se negó á obedecer al gobierno. Salí á situarme entre México y los sublevados, con el objeto de reducirlos sin violencia, condescendiendo á olvidar lo pasado y cuanto dijese relacion á mi persona. Quedamos convenidos en que se reuniese un nuevo congreso, cuya convocatoria, el 8 de Diciembre se vió en la junta instituyente impresa inmediatamente, ya iba á circularse (1), se fijaron límites á unas y otras tropas, y se estipuló permanecer en aquel estado hasta que reunida la representacion nacional decidiese, conformándonos á someternos á su determinacion:

(1) El acta de Casa Mata no se verificó hasta el 2 de Febrero: á principios de Diciembre ya estaba concluida la convocatoria del nuevo congreso, de aquí se sigue que ni yo habia pensado en reasumir el poder legislativo, ni la reunion del cuerpo que habia de ejercerlo fué la verdadera razon de levantar el sitio de Veracruz y proceder á formar la expresada acta.

así quedó pactado por los comisionados que mandé al efecto y tambien se me faltó, traspasando los límites señalados; despachando emisarios capciosos á todas las provincias, para persuadirles á que se adhiriesen á la acta de Casa Mata. Así se hizo con muchas de las diputaciones provinciales, quienes al unirse no dejaban de protestar el respeto de mi persona y que se oponian á cuanto quisiese hacerse contra ella á pesar de las seducciones que se emplearon y de verse amenazados por la fuerza.

Dijeron que queria erigirme en absoluto, ya está probada la falsedad de esta acusacion: dijeron tambien que me habia enriquecido con los caudales del Estado, siendo así que hoy no cuento para subsistir, sino con la pension que se me ha asignado y con los caudales que me debe la nacion: si algun otro sabe que en cualquier banco extranjero hay fondos mios, le hago cesion de ellos, para que los distribuya á su arbitrio (1).

---

(1) La mejor prueba de que no me enriquecí es que no soy rico: no tengo ni lo que tenia cuando emprendí la independencia. No solo no abusé de los caudales públicos; pero ni aun tomé de la tesorería las asignaciones que se me hicieron. La junta gubernativa mandó se me entregaran un millon de pesos de la extinguida inquisicion y se me pusiese en posesio de

Díjose que habia sido un atentado detener primero algunos diputados del congreso y reformarlo despues: ya he contestado á esta acusacion: díjose que no habia respetado la propiedad porque usé de la conducta de platas, importante un millon y doscientos mil pesos fuertes, que salió de México con destino á la Habana, en Octubre de 822. El congreso, instado por el gobierno para que facilitase arbitrios que cubriesen las atenciones del era-

---

veinte leguas cuadradas de tierra en las provincias internas: no tomé ni un real, el congreso decretó se me facilitase para mis gastos por la tesorería todo lo que pidiese y la junta instituyente me señaló millon y medio de pesos annales, nada percibí, sino lo muy preciso para mi subsistencia, en cantidades parciales que recibia mi administrador cada cuatro ó seis dias, prefiriéndo las necesidades públicas á las mias y las de mi familia. Otra prueba de que no es mi pasion el interés, cuando la junta instituyente me asignó el millon y medio de pesos, destiné la tercera parte de este caudal para formar un banco que sirviese de fomento á la minería, ramo principal de industria en aquel país, y que por las convulsiones pasadas se hallaba muy arsuinado: ya estaban escritos los reglamentos por hombres instruidos en estos ramos, comisionados al efecto. Ni enriquecí á mis parientes dándoles empleos lucrativos: si alguno coloqué, es porque le correspondia en la escala de sus ascensos, ó porque se lo proporcionó la revolucion, segun el estado en que se iro, me facultó para tomar de cualquier fondo existente y me avisó en particular por medio de unos diputados, que habian tenido en consideracion la conducta, y no se habia expresado en el decreto, por evitar que desde su promulgacion hasta que se diesen las órdenes correspondientes, los propietarios retiraran cada uno la parte que le correspondiese. No habia con que costear al ejército: los empleados estaban sin sueldos, agotados todos los fondos públicos: ya no habia quien prestase: los recursos que podian solicitarse de alguna potencia extranjera exigian tiempo, á lo que no daba lugar la necesidad (1). A pesar de todo, sabiendo yo cuanto es respetable la propiedad de

---

hallaban en los dias de la variacion del gobierno, sin que hubiese sido mejor su suerte por mi elevacion al trono. Un pariente mio se hallaba de alcalde en Valladolid cuando los sucesos de Iguala, faltó el gefe político, la constitucion le llamaba á ejercer las funciones de este destino, continuó desempeñándolas hasta mi entrada en México, que fué confirmado en él por la regencia, como lo fueron el de Puebla, Querétaro, y otras que ningun parentezco tenian conmigo.

(1) Se trabajaba en la actualidad sobre un préstamo de los inglesós: la negociacion presentaba buen aspecto; pero su conclusion no podia retardar ménos que cinco ó seis meses, y las necesidades eran de momento.

los ciudadanos, no habria convenido á la disposición del congreso, si no hubiese tenido motivos fundados para creer, que en aquella conducta iban caudales al gobierno español: bajo nombres supuestos casi todos se dirigian á la Península, á donde inconcusamente servirian para fomentar el partido contrario á los mexicanos. Creo quedará bien probado este mi sentimiento, con asegurar que los extranjeros que probaron ser suya alguna parte de aquellos fondos, obtuvieron luego órdenes mias para que se les reintegrara inmediatamente; pero permitiendo sin conceder que hubiera nacido una falta en tomar los enunciados caudales, ¿á quién debia atribuirse? ¿A mí, en quien no habia facultad para levantar contribuciones ni empréstitos; ó al congreso que en ocho meses no habia sistemado las rentas, ni formado un plan de hacienda? ¿A mí, qué no podia ménos que ejecutar una ley perentoria, ó al congreso que la dictó? ¿Porqué fatalidad pues ha de recaer sobre mi opinion, lo que es efecto de la indolencia y malicia de otros?

El acta de Casa Mata acabó de justificar mis determinaciones, tomadas en Agosto y Octubre, con respecto al congreso: el último trastorno no ha sido mas que la realizacion del plan de aquellos conspiradores; no han dado un paso que no sea conforme á lo que resultó de la sumaria formada en aquel tiempo. Los puntos en donde habia de darse primero la voz de alarma, los cuerpos militares mas comprometidos, las personas que habian de dirigir la revolucion, lo que habia de hacerse de mí y de mi familia, lo que habia de decretar el congreso, el gobierno que se habia de establecer: todo se encuentra en las declaraciones y resulta de la sumaria. ¿Qué mayor demostracion de que ni la detencion de los diputados, ni la forma del congreso, ni la toma de la conducta fueron las verdaderas causas del último trastorno?

Solicité repetidas veces tener una entrevista con los principales gefes disidentes, sin que hubiese podido conseguir mas que una contestacion, en una carta particular de Echávarri. El delito les retraia, y los confundia su ingratitud. Desesperaban de que les tratase con indulgencia, y este es otro testimonio de su debilidad, apésar de que no ignoraban que siempre estuve pronto á perdonar á mis enemigos, y que jamás me valí de la autoridad para vengar ofensas propias.

El suceso de Casa Mata habia reunido á los republicanos y borbonistas, que jamás pueden conciliarse sin otro objeto que de destruirme; convenia pues que cuanto ántes se les quitase la máscara y fuesen conocidos. Esto no podia verificarse sin mi separacion del mando: volví á reunir el mismo confireso reformado: abdiqué la corona y solicité expatriarme, haciéndolo presente al poder legis-

lativo, por el ministro de relaciones. Véase el do
cumento de la materia.

Dejé el mando porque ya estaba libre de las
obligaciones, que violentamente me arrastraron á
obtenerlo: la patria no necesitaba de mis servicios
contra enemigos exteriores, que por entónces no tenia; y con respecto á los interiores, léjos de serle
útil, podia perjudicarle mi presencia, porque ella
era un pretexto, para que se dijese que se hacia la
guerra por mi ambicion, y un motivo para que permaneciese por mas tiempo oculta la hipocresía política de los partidos: no lo hice por miedo de mis
enemigos: a todos los conozco, y sé lo que valen (1):
tampoco porque hubiese perdido en el concepto del
pueblo, y me faltase el amor de los soldados, bien

---

(1) He sabido vencer con cincuenta hombres á mas
de tres mil: con trescientos sesenta á catorce mil: jamás me retiré en campaña sino una sola vez que como he dicho fuí mandado por otro, y con solo ochocientos hombres emprendí quitár al gobierno español
el dominio en la América del Septentrion cuando él
contaba con todos los caudales, con once regimientos
expedicionarios europeos, siete veteranos, y diez y seis
provinciales del país que se consideraban como de línea, y setenta ú ochenta mil patriotas ó realistas que
habian obrado con firmeza contra los secuaces del plan
de Hidalgo. ¿Y no teniendo miedo, habria incurrido
en la necedad de dejarme matar por no defenderme?

sabía que á mi voz los mas se reunian á los valientes que me acompañaban; y los pocos que quedasen, lo verificarian en la primera accion, ó serian derrotados. Con mayor razon contaba con los pueblos, cuanto que los mismos me habian consultado sobre la conducta que debian observar en aquellos acontecimientos, y que todos ellos no hacian mas que obedecer mis órdenes reducidas á que permaneciesen tranquilos, porque así convenia á sus intereses y mi reputacion. En el ministerio de Estado y capitanía general de México se encontrarán las representaciones, de los pueblos, y mis contestaciones, todas dirigidas á la paz, y á que no se vertiese sangre.

El amor á la patria me condujo á Iguala: él me llevó al trono: el me hizo descender de tan peligrosa altura; y todavía no me he arrepentido, ni de dejar el cetro, ni de haber obrado como obré. Dejé el país de mi nacimiento, y despues de haberle presentado el mayor de los bienes para trasladarme, me hice extranjero en otro con mi familia numerosa y delicada, y sin mas bienes que los créditos indicados y una pension, con la que no puede contar el que sabe lo que son revoluciones y el estado en que dejé á México.

No faltará quien me impute á falta de prevision ó debilidad la reposicion de un congreso cuyas nulidades conocia, y cuyos individuos habian de continuar siendo enemigos mios decididos: la razon que tuve fué el que quedase alguna autoridad conocida, porque la reunion de otro congreso exigia tiempo y las circunstancias no admitian dilacion: de otro modo, la anarquía era imfalible al descubrirse los partidos y segura la disolucion del Estado: quise hacer el último sacrificio por la patria.

A este mismo congreso dije me señalase el punto que queria que ocupase y las tropas que fuesen de su agrado para la escolta que habia de acompañarme hasta el puerto de mi embarque; para éste se designó uno de los del seno mexicano y por escolta quinientos hombres que quise fuesen de los que se habian separado de mi obediencia, mandados por el brigadier Bravo, que yo elegí tambien de los disidentes (1) para, hacer conocer que no habia dejado de batirme por miedo y que dejaba las armas para entregarme á aquellos cuya mala fé habia tanto esperimentado.

El dia que pensé salir de Mexico no lo pude verificar, porque me lo impidió el pueblo. Cuando

---

(1) De las tropas que asistian á mi lado en Tacubaya lleve solo dos hombres por compañia para darles una prueba de mi gratitud y calmar el entuciasmo de los demas, que no encontraba medio de persuadir á que me dejasen marchar con la escolta designada.

entró el ejército que sin saber porqué, se llamaba libertador, ninguna demostracion se hizo que manifestase ser bien recibido: se vieron en la necesidad de acuartelar las tropas, y colocar artillería en las principales avenidas. En los pueblos por dónde transité, que fueron pocos, porque se procuró llevarme de hacienda en hacienda, me recibieron con repiques, y apésar de la violencia con que eran tratados por mis conductores, los vecinos corrian anciosos para verme, y darme los sinceros testimonios de su amor y respeto. Despues de mi salida de Méqico la fuerza contuvo al pueblo que me aclamaba, y cuando el marqués de Vivanco, en calidad de general en gefe, arengó á las que dejé en Tacubaya, tuvo el disgusto de oirles gritar: ¡Viva Agustin primero! y que oyeran su arenga con desprecio. Estas y las otras que parecerian, si se refirieren, pequeñeces, son demostraciones de que no fué la voluntad general la que influyó en mi separacion del mando supremo.

Yo habia dicho: que luego que conociese que mi gobierno no era conforme con la voluntad de todos, ó que el permanecer al frente de los negocios era un motivo de que la tranquilidad pública se alterase, descenderia del trono gustoso: que si la nacion elegia una clase de gobierno, que en mi concepto le fuese perjudicial, no contribuirian á su establecimiento, porque no está en mis principios obrar contra lo que creo justo y conveniente; pero tampoco haria oposicion aunque pudiese, y abandonaria para siempre mi patria. Así lo dije en Octubre de 21 á la junta gubernativa, y repetidas veces al congreso (1), y á la junta instituyente lo mismo que á las tropas y á varios particulares en lo privado y en lo público. Llegó el caso, cumplí mi palabra y solo tengo que agradecer á mis perseguidores, que me hayan dado ocasion de manifestar de un modo inequívoco, que estuvieron siempre en consonancia mis palabras con mis sentimientos (2).

Mi mayor sacrificio ha sido abandonar para siempre una patria que me es tan cara, un padre

---

(1) Siempre hablé con franqueza: sirva de prueba lo que dije al congreso restablecido, ál separarme del imperio, por conducto del ministro de Estado: véase el documento núm. 9.

(1) Consecuente á la rectitud de mis principios, no quise como pude, ponerme á la cabeza de la última revolucion: á ella me invitaron sus principales corifeos, entre quienes baste citar á Negrete, Cortazar, y Vivanco. Si hubiera verificado lo que este queria, conservando el mando supremo con un nombre ó con otro, y si hubiera tenido ambicion, reteniendo el mando, el tiempo me habria dado mil ocasiones de ejercerlo á mi placer; pero los negocios me eran odiosos, pesado el cargo, y finalmente era contraponerme á la cabeza de aquel partido.

idolatrado, cuya edad septuagenaria no permitió traer conmigo, una hermana, cuya memoria no puedo recordar sin dolor, deudos y amigos que fueron los compañeros de mi infancia y de mi juventud, y cuya sociedad formó en tiempo mas feliz los mejores dias de mi vida........

Mexicanos, este escrito llegará á vosotros; su principal objeto es manifestaros, que el mejor de vuestros amigos jamás desmereció el afecto y confianza que le prodigasteis; mi gratitud se acabará con mi existencia. Cuando instruyais á vuestros hijos en la historia de la patria, inspiradles amor al primer gefe del ejército trigarante; y si los mios necesitan alguna vez de vuestra proteccion acordaos que su padre empleó el mejor tiempo de su vida en trabajar porque fueseis dichosos. Recibid el último adios, sed felices.

Casa de campo en las inmediacioees de Liorna, á 27 de Setiembre de 1823.

AGUSTIN DE ITURBIDE.

Nota.

No habiéndose podido imprimir esta Memoria en Toscana, el tiempo que ha trascurrido desde su conclusion, me da lugar para observar, que los acontecimientos de México, despues de mi salida añaden justificacion á lo que llevo dicho del primer congreso. Se ha visto que se queria prolongar el término de sus funciones para, continuar siendo el árbitro de todos los poderes y formar la constitucion á su propio placer, contra las facultades que le habian sido concedidas, despreciando de este modo la voluntad general, y las representaciones terminantes de las provincias, para que se limitase á hacer una nueva convocatoria: así fué, que estas para obligarlo, esforzaron de nuevo su solicitud, hasta llegar al extremo de negar la aquiescencia y obediencia á las disposiciones y órdenes de dicho congreso, y del gobierno creado por él. Esto prueba de un modo inequívoco, el desconcepto del mayor número de diputados para con sus comitentes. La nueva convocatoria exigia mas tiempo y gastos, y ciertamente no habrian estas adoptado tal partido, si hubieran tenido por sábios firmes y virtuosos al mayor número de aquellos, ó si la conducta que los mismos diputados observaron, despues de su reposicion en el santuario de las leyes, hubiera sido conforme á la voluntad de los pueblos, y no á sus miras particulares y fines tortuosos (f).

DOCUMENTOS

RELATIVOS AL

MANIFIESTO

ANTERIOR.

NUMERO 1.

Carta oficial dirigida desde Iguala, por el gefe del ejército trigarante, al virey de Nueva España.

Exmo. Sr.—Qué feliz es el hombre que puede evitar la desgracia de otro hombre, y hacer su fortuna. ¡Oh! y cuánto mas venturoso el que puede evitar males y establecer la felicidad, no ya de otro hombre, sino de un reino entero. Afortunadamente V. E. se halla en este caso con el de Nueva España.

La noche del 15 al 16 de Septiembre de 810 se dió el grito de independencia, entre las sombras del horror, con un sistema (si así puede llamarse) cruel, bárbaro, sanguinario, grosero é injusto por consecuencia; y á pesar de que el modo no podia ser mas contrario al génio moderado y dulce de los americanos, aun subsisten sus efectos en el año de 21. ¿Qué es subsistir? Hoy vemos reanimar de un modo bien notable, y con llama mas viva, el mismo fuego. Verdad que, no pudiendo ser desconocida á esa superioridad, convence sin equivocacion el generalizado y uniforme voto de los habitantes todos de esta América. Nadie puede dudarlo.

Yo mismo he tenido la suerte de evitar hace pocos dias un rompimiento desastroso, que iba á suceder en provincia bien distante; ¿qué importa esto, yo no puedo lisonjearme de que corto el mal? Cuántos otros planes, Sr. Exmo., se estarán formando hoy en Oajaca, en Puebla, en Valladolid, en Querétaro, en Guadalajara, en San Luis Potosí...... en la misma capital, alrededor de V. E.; tal vez dentro de su misma habitacion! ¿Y habrá quien pueda deshacer la opinion de un reino entero? Bien ha probado la experiencia de todos los siglos, y con ejemplo muy reciente nuestra Península española el acsioma de que, es libre aquel país que quiere serlo. ¡No nos engañemos, Sr. Exmo: la Nueva España quiere ser independiente: esto nadie lo duda, le conviene. La misma madre pátria le ha enseñado el camino: le ha franqueado la puerta, y es preciso que lo sea. Por lo ménos no dejará de emprenderlo, y en el dia, de manera muy diversa, con otra ilustracion, con otros recursos, con otro séquito, que en el año de diez.

Evite V. E. pues está en su mano, la horrorosa catástrofe que amenzaa. Hagai nmortal su nombre y lo que es mas, contraiga V. E al propio tiempo un verdadero mérito: ante el Supremo Sér que recompensa con la vida eterna un solo jarro de agua, que se dá en su nombre bendito, fijando en este suelo, cuya crísis se acerca, nuestra religion santa; cerrando á la impiedad las puertas en que vemos se agolpa bajo diferentísimos disfraces, ántes que se difunda con mas velocidad que el fuego eléctrico, por la vasta extension de estas provincias.

El remedio es de gerarquía: pero la enfermedad aguda así lo exige, y es preciso que el médico obre en armonía con la constitucion del enfermo, y se acerque á contentar en lo posible sus deseos y afecciones: entremos en materia.

Yo haria un notorio agravio á V. E., á su piedad cristiana y á su ilustracion, si tratase de convencer la necesidad de separar la América septentrional, para conservar nuestra sagrada religion, porque los enemigos que la amagan son muy conocidos, y en cuanto á la conveniencia política, nadie duda que es violento se mendigue de otro la fortuna, por aquel que dentro de su misma casa tiene los recursos necesarios para lograrla. Asentado, pues, por principio, que es necesaria la separacion de estos dominios, para conservar ilesa **nuestra religion, porque la luz misma priva de la** vista, al que careciendo de ella por mucho tiempo de improviso le hiere la pupila, y de que la independencia es útil á la Nueva España, ó que por lo ménos todos sus habitantes así lo creen, pasemos á examinar si la senda es llana ó impracticable. Mas claro, examinemos los síntomas del enfermo.

El mas funesto sin duda es la complicacion en que hemos visto sus humores: que los ácidos desocupando el vientre donde contribuyen á la robustez del cuerpo, han atacado el corazon y el cerebro. Tal es el espíritu de partido, la rivalidad de Europeos y Americanos, que debiendo haberse presentado solo con una emulacion obvia en el centro de la sociedad, para disputarse unos á otros la práctica de las acciones nobles, de virtud, útiles y generosas, es la que dejenerando y saliendo de la esfera que le señaló el sábio autor de la naturaleza, nos ha tenido mas de diez años al borde del precipicio, e impeliéndonos á la ruina y al exterminio. Cortemos de raíz el mal: hagamos ocupar aquellos ácidos el lugar que les corresponde. Allí contribuirán á la accion para que son destinados y tornará en bien, en salud, el mal que de otro, modo solo podria producir. *La Union*, Sr. Exmo., es el ataque directo y seguro al mal: véamos el modo de aplicarle.

Es axioma sabidísimo, que los contrarios con los contrarios se curan: la desconfianza, con estímulos de confianza: el ódio con pruebas de amor: la desunion, con lazos de fraternidad.

Nada ha estado mas en el órden natural, que el que los europeos desconfien de los americanos, porque éstos ó por lo ménos algunos, tomando el nombre general, sin razon, sin justicia, bárbaramente en todos sentidos, atentaron contra sus vidas, contra su fortuna, envolviendo ¡qué horror! á sus mujeres é hijos en tal ruina; pero por fortuna es igualmente cierto, que los americanos y la parte mas noble de ellos, sin duda han sido los que justamente indignados contra un proceder tirano é impolítico, quisieron abandonar y abandonaron en efecto con gusto su comodidad, sus intereses, las delicias de sus familias, y expusieron su propia vida á veces sin cuento, por salvar las de sus padres los europeos, porque éstos gozasen tranquilos de los placeres que sus esposas amantes les presentaban, de los halagos de sus hijos, y que se ocupasen solo en el giro de sus negocios. ¿No es esto cierto? Sí, lo es por fortuna, repito: es un hecho innegable. ¿Y no serán bastante para infundir confianza estos recuerdos? Deben bastar: y yo que me glorío de no haber vacilado un solo instante, de haberme decidido por la justicia y por la razon desde un principio, atreviéndome á salir garante del nuevo sistema, creo ya destruida con lo expuesto la desconfianza, y curado por tanto el primer indicante de nuestro mal. Pasemos á la segunda afeccion.

El ódio: este nunca ha sido, es, ni puede ser justo. El Criador nos pone por precepto necesario para salvarnos, el amor á nuestros enemigos. No hay autoridad comparable con esta, para que desaparezca de entre nosotros: pero si por tal razon suficientísima debe desaparecer entre europeos y americanos, ¿cuánto mas fácil no nos es este precepto, observando que las razones políticas y las virtudes morales nos persuaden y estimulan á ello? Si unos cuantos americanos sin meditacion, sin ideas, y metidos en el error, acaso por un plan abortado, procedieron contra una porcion tan noble de nuestra sociedad, y á la que debemos la ilustracion con otros mil bienes, y el que es mayor sobre todos, el de la creencia que profesamos, el de la santa religion, ¿no es otra porcion de americanos, ya que los salvó, aventurando cuanto tenian que aventurar, como he indicado ántes? ¿Quiénes dieron las importantes y decisivas batallas en su época de Carrozas, Cruces, Aculco, Guanajuato, Calderon, Yurira, Salvatierra, Valladolid, Puruarán, etc , etc., etc? ¿Y quiénes son los que en el feliz gobierno de V. E. han hecho mas y mas, al propio intento? Si hubiera quién lo dudase, fácil me seria hacer un manifiesto histórico; pero las verdades que son conocidas por sí mismas, no necesitan de pruebas... Me distraia del asunto: vuelvo á él. El recuerdo de estos hechos, ¿cómo podrá dejar de excitar en los ánimos de los europeos generosos y grandes, la gratitud y de sobreponer esta al resentimiento por las ofensas? Así lo creo: y esto deja curada la segunda afeccion. Pasemos á la tercera.

Desunion. De la confianza y del amor resulta por necesidad la Union: porque si yo tengo confianza de V. E., si yo amo á V. E., ¿cómo podrán ser diversos y mucho ménos opuestos sus intereses y los mios? ¿Qué importa que V. E. haya nacido en las Andalucías, Aguirrevengoa en Vizcaya, Cortina en las montañas, Agreda en la Rioja; este en la Mancha, aquel en Galicia, el otro en Castilla, Rayas en Guanajuato, Azcárate en México, Iturbide en Michoacan, etc? Si todos vivimos en Nueva España, si los intereses de esta son los mismos, si es un acaso despreciable en un sentido justo, liberal, que uno deba su orígen á Castilla, y haya nacido en Guadalajara, que otro como yo lo deba á la Navarra y sea su cuna Valladolid de Michoacan, ¿qué hombre de razon, qué hombre de crítica, que hombre ilustrado se ocuparia de tales accidentes, dejando la importancia del asunto? Seria hacer mucho agravio á las luces de nuestra época, á las provincias de la Península, á los de esta América, y á los mismos individuos, creer por solo un instante, que entre la paja y el grano, dejando este, se hiciese eleccion de aquella. Léjos de nosotros idea tan miserable y ofensiva. Los intereses de comercio, las relaciones de sangre, de familia y cuanto en la naturaleza y en la sociedad estrecha mas los vínculos, obligan mas á los europeos residentes en Nueva España con los americanos, que con sus paisanos mismos existentes en Ultramar. Son mas interesados, sí, lo repito, en la felicidad de la América que en la de la Península. Aquí disfrutan los placeres del amor conyugal. Aquí se ven reproducidos. Aquí viven...... ¿Qué razones mas poderosas para destruir la injusta desunion de americanos y europeos, y para estrechar los brazos entre aquellos que han recibido y han dado el sér relativamente? Debe desaparecer la desunion; nuestros intereses son unos, el lazo debe ser cordial, íntimo, firme, indisoluble.

Están demostradas en mi juicio las tres proposiciones. Resta únicamente buscar diestros facultativos, que disuelvan el veneno ó emboten su accion, por medio del antídoto mas eficaz, de la triaca mas pura, y persuadiendo al enfermo al mismo tiempo la necesidad de tomarla, para que éste la acepte con una buena fé y á ojo cerrado (por valerme de esta frase vulgar), y seguro en la confianza del acierto de aquellos, por su juicio, su ciencia, su destreza y por todas las virtudes del caso, no repare en lo fuerte de la medicina, y la tome con voluntad, despreciando su color, su gusto, olfato; reflexionando que el cuerpo político y físico tienen cierta analogía constante, y que así como á este los amargos le suelen ser los tónicos mas convenientes, los mayores estomacales, lo son tambien á aquel. ¿Qué cosa mas desagradable que la quina para el gusto? ¿Pero qué antipútrido hay mas conocido? No nos equivoquemos, conozcamos nuestros verdaderos intereses, y abracémoslos sin reparar en accidentes.

V. E., los Sres. D. Miguel Bataller, Marqués de Rayas, Dr. D. Matías Monteagudo, Dr. D. Miguel Guridi y Alcocer, Lic. D. Juan José Espinosa, D. José María Fagoaga, D. Isidro Yañez, Lic. D. Juan Francisco Azcárate, y en defecto de alguno los Sres. D. Rafael Pereda, Lic. D. Juan Martinez y D. Francisco Sanchez de Tagle, unen todas las circunstancias que pueden apetecerse en el caso, sin que puedan desconfiar ni de sus luces ni de su honradez, ni de su firmeza de carácter los partidos respectivos, que hasta hoy han sido contrarios, y desde mañana deben formar una causa comun, abrazar un solo interés, así como deben hacer una sola familia.

Poniéndose V. E. á la cabeza de los ocho individuos nombrados en primer lugar, y sustituyendo por defecto de alguno el que le corresponda de lo stres subsecüentes, se formará una junta guberativa, que pueda reunir, como he indicado, la opinion general, y llamar velozmente á los diputados. de córtes, que existan en el reino de último nombramiento y anteriores; pues ellos podrán con una representacion suficiente, y con los conocimientos necesarios, promover lo que convenga, para el fin que he propuesto á V. E. en el principio. Entretanto la junta, como depositaria de la confianza y opinion de todos, paralizará cualesquiera proyecto de las sublevaciones tumultuarias, que amenazan por todas partes.

Muy grande y árdua le parecerá á V. E. mi proposicion y llena de inconvenientes; pero siendo cierto, como lo es inconcusamente, que la opinion general está decidida por la independencia, ¿qué partido mas prudente queda que tomar, que aquel que conociendo un paso de necesidad, con una sábia prevision, evita los escollos mas funestos y trascendentales? La opinion está decidida; no puedo dejar de referirlo á V. E., ni V. E., ni yo, ni otra persona alguna puede variarla; ni tampoco tiene V. E. fuerza que oponerle. La tropa toda del país siente del mismo modo, y entre la europea (dígolo por la gloria suya) no tiene V. E. un cuerpo solo completo que poder oponer. Es público cómo piensan estos dignos militares. En ellos reinan las ideas filantrópicas de ilustracion y liberalidad, esparcidas en nuestra Península. Casi todos están íntimamente adheridos al sistema del país. Algunos pocos buscarán el camino solo de volver para su patria; y raro, rarísimo será, no el cuerpo, sino el individuo que por estupidez ó falta de ideas, ó por capricho, tenga la resolucion necesaria para intentar oposicion, y ésta ciertamente seria nula...... Sé demasiado, Sr. Exmo., en el particular; y así como creo, que por el plan que le propongo se evitará sin duda la efusion de sangre, creo tambien que este país seria feliz, y lo poseeria el Sr. D. Fernando VII, si se acomodase á venir á México; ó en su defecto alguno de los Serenísimos Señores Infantes D. Cárlos ó D. Francisco de Paula; y que de otra manera, sin entrar en cálculos de resultados, el mes de Marzo próximo, México será el teatro de la sangre y del horror.

Yo no soy europeo ni americano, *soy cristiano, soy hombre, soy partidario de la razon,* conozco el tamaño de los males que nos amenazan. Me persuado que no hay otro medio de evitarlos, que el que he propuesto á V. E.; y veo con sobresalto que en sus superiores manos está la pluma que debe escribir: *Religion, paz, felicidad; ó confusion, sangre, desolacion, á la América Septentrional.*

He cumplido, Sr. Exmo., con trasladar á V. E. mis sentimientos y mis ideas. Sobre V. E. vendrá la bendicion ó la execracion de muchas generaciones. La verdad, la justicia, la sensibilidad, forma mi carácter, no conozco otro idioma.

El Señor Dios de los Ejércitos, á quien pido ilumine á V. E., guarde su importante vida muchos años. Iguala 24 de Febrero de 1821,—*Agustin de Iturbide.*

NUMERO 2.

Plan ó indicaciones para el gobierno que debe instalarse provisionalmente, con el objeto de asegurar nuestra sagrada religion, y establecer la independencia del imperio mexicano: tendrá el título de junta gubernativa de la América Septentrional, propuesto por el Sr. coronel D. Agustin de Iturbide, al Exmo. Sr. virey de Nueva España, Conde del Venadito.

1. La religion de la N. E. es y será católica, apostólica, romana, sin tolerancia de otra alguna.

2. La N. E. es independiente de la antigua y de toda otra potencia aun de nuestro continente.

3. Su gobierno será monarquía moderada, con arreglo á la constitucion peculiar y adaptable del reino.

4. Será su emperador el Sr. D. Fernando VII; y no presentándose personalmente en México dentro del término que las cortes señalaren á prestar el juramanto, serán llamados en su caso, el serenísimo Sr. Infante D. Cárlos; el Sr. D. Francisco de Paula, el archiduque Cárlos, ú otro individuo de casa reinante, que estime por conveniente el congreso.

5. Interin las, córtes se reunen habrá una junta que tendrá por objeto tal reunion, y hacer se cumpla con el plan en toda su extension.

6. Dicha junta, que se denominará gubernativa, debe componerse de los vocales que habla la carta oficial del Exmo. Sr. Virey.

7. Interin el Sr. D. Fernando VII se presenta en México y hace el juramento, gobernará la junta á nombre de S. M., en virtud del juramento de fidelidad que le tiene prertado la nacion, sin embargo de que se suspenderán todas las órdenes que diere, ínterin no haya prestado dicho juramento.

8. Si el Sr. D. Fernando VII no se dignare venir á México, ínterin se resuelve el emperador que deba coronarse, la junta ó la regencia mandará en nombre de la nacion.

9. Este gobierno será sostenido por el ejército,

de las tres garantías, de que se hablará despues.

10. Las córtes resolverán la continuacion de la junta. ó si debe sustituirla una regencia, interin llega la persona que deba coronarse.

11. Las córtes establecerán en seguida la constitucion del imperio Mexicano.

12. Todos los habitantes de la Nueva España sin distincion alguna de europeos, africanos, ni indios, son ciudadanos de esta monarquía, con opcion á todo empleo, segun su mérito y virtudes.

13. Las personas de todo ciudadano y sus propiedades, serán respetadas y protegidas por el gobierno.

14. El clero secular y regular será conservado en todos sus fueros y preminencias.

15. La junta cuidará de que todos los ramos del Estado queden sin alteracion alguna, y todos los empleados políticos, eclesiásticos, civiles y militares, en el estado mismo en que existen en el dia. Solo serán removidos los que manifiesten no entrar en el plan, sustituyendo en su lugar los que mas se distingan en virtud y mérito.

16. Se formará un ejército protector, que se denominará de las *tres garantías*, porque bajo su proteccion toma lo primero, la conservacion de la religion católica, apostólica, romana, cooperando de todos los modos que estén á su alcance, para que no haya mezcla alguna de otra secta y se ata-

quen oportunamente los enemigos que puedan dañarla: lo segundo, la independencia, bajo el sistema manifestado: lo tercero, la union íntima de americanos y europeos; pues garantizando bases tan fundamentales de la felicidad de N. E., ántes que consentir la infraccion de ellas, se sacrificará, dando la vida del primero al último de sus individuos.

17. Las tropas del ejército observarán la mas exacta disciplina á la letra de las órdenanzas, y los gefes y oficialidad continuarán bajo el pié en que están hoy; es decir, en sus respectivas clases, con opcion á los empleos vacantes, y que varen, por los que no quisieren seguir sus banderas ó cualquiera otra causa, y con opcion á los que se consideren de necesidad ó conveniencia.

18. Las tropas de dicho ejército se consideran como de línea.

19. Lo mismo sucederá con las que sigan luego este plan. Las que no lo difieran, las del anterior sistema de la independencia que se unan inmediatamente á dicho ejército y los paisanos que intenten alistarse, se considerarán como tropas de milicia nacional, y la forma de todas para la seguridad interior y exterior del reino la dictarán las córtes.

20. Los empleos se concederán al verdadero mérito, á virtud de informes de los respectivos

gefes, y en nombre de la nacion provisionalmente.

21. Interin las córtes se establecen se procederá en los delitos con total arreglo á la constitucion española.

22. En el de conspiracion contra la independencia, se procederá á prision sin pasar á otra cosa, hasta que las córtes decidan la pena al mayor de los delitos del de lesa magestad divina.

23. Se vigilará sobre los que intenten fomentar la desunion, y se reputan como conspiradores contra la independencia.

24. Como las cortes que van á instalarse han de ser constituyentes, se ha cenecesario que reciban los diputados los poderes bastantes para el efecto; y como á mayor abundamiento es de mucha importancia, que los electores sepan que sus representantes han de ser para el congreso de México y no de Madrid, la junta prescribirá las reglas justas para las elecciones, y señalará el tiempo necesario para ellas y para la apertura del congreso. Ya que no puedan verificarse las elecciones en Marzo se estrechará cuanto sea posible el término

Iguala, 24 de Febrero de 1821.—Es copia.—*Iturbide.*

NUMERO 3.

Oficio del Exmo. Sr. D. Juan O'Donojú, dirigido al señor gobernador de la plaza de Veracruz.

Incluyo á V. S. copia del tratado en que hemos convenido el primer gefe del ejército imperial y yo; él tiene por objeto la felicidad de ambas Españas, y poner de una vez fin á los horrorosos desastres de una guerra intestina; él está apoyado en el derecho de las naciones; á él le garantizan las luces del siglo, la opinion general de los pueblos ilustrados, el liberalismo de nuestras córtes, las intenciones benéficas de nuestro gobierno y las paternales del rey. La humanidad se resiente al contemplar el negro cuadro de padres é hijos, hermanos y hermanos, amigos y amigos, que se persiguen y se sacrifican: de provincias que habitaron hombres de un mismo orígen, de una misma religion, protegidos por las mismas leyes, hablando un idioma y teniendo iguales costumbres, incendiadas y devastadas por aquellos que pocos meses ántes las cultivaron afanosos, fiando á su fertilidad la esperanza de su alimento y el de sus familias, felices cuando gozaron la paz, desgraciadas, indigentes, vagamundas y menesterosas en la guerra. Solo un corazon amasado con hiel y con ponzoña puede preveer sin estremecerse tamañas desventuras. ¿Y qué sacrificio no hará gustosa una alma bien formada, si ha de evitar con él trabajos, sangre, muerte y exterminio? Ve V. S. aquí, señor gobernador, las reflexiones que me habrian arrebatado á firmar el tratado que servirá de cimiento á la eterna alianza de dos naciones, destinadas por la Providencia y ya designadas por la política, á ser grandes y ocupar un lugar distinguido en el mundo, aun cuando no hubiese estado, como lo estoy, convencido de la justicia que asiste á toda sociedad, para pronunciar su libertad y defenderla á par de la vida de sus individuos: de la inutilidad de cuantos esfuerzos se hagan, de cuantos diques se opongan, para contener este sagrado torrente, una vez que haya emprendido su curso magestuoso y sublime: de que es imposible contrariar ni aun alterar el órden de la naturaleza: ella puso límites á las naciones, hizo lapsos y muelles los miembros de un cuerpo grande; no nos dió sentidos capaces de recibir impresiones desde muy léjos; y si en la infancia nos proveyó de una madre tierna que nos alimentase en la niñez y juventud, de padres y maestros que nos educasen y nos dirigiesen, nos dió en la virilidad razon y fuerza para ser independientes y no vivir sujetos á tutela. El mundo moral está modelado por las mismas reglas que el físico. Principios tan luminosos no podian ocultarse á la alta penetracion del rey, y la sabiduría del congreso. ¿Ni cómo podriamos si no conciliar los progresos de la constitucion en España, con la ignorancia que era preciso suponer en los españoles que desconociesen estas verdades? En efecto, ya la representacion nacional pensaba ántes de mi salida de la Península, en preparar la independencia mexicana; ya en una de sus comisiones, con asistencia de los secretarios de Estado, propusieron y aprobaron las bases: ya no se dudaba de que ántes de cerrar sus sesiones las córtes ordinarias, quedaria concluido este negocio importante á las dos Españas, en que está comprometido el honor de ambas, y en que tiene fijos los ojos la Europa entera. El español que por miras particulares, ó un privado interés no se conviniere con el sentir comun de sus compatriotas, sobre desconocer lo que le conviene, está limitado á un círculo muy estrecho, no tiene formada una idea justa de que su nacion basta para hacer la felicidad de sus individuos, y no es digno hijo de una patria generosa, liberal y equitativa. Pero los mexicanos, á quienes la temperatura de su clima dió una imaginacion viva y fogosa, y que por otra parte en razon de la inmensa distancia que les separa de la Península carecian, de noticias exactas, se pronunciaron independientes y tomaron un aspecto hostil, creyendo que los mismos á quienes deben su religion, su ilustracion, y el estado en que están de poder figurar en el mundo civilizado, habian de cometer la injusticia de atentar contra su libertad; cuando ellos por sostener la suya acaban de ser el asombro del universo; ejemplo de valor y constancia, y terror del poder mas colosal que conoció la historia.

Y encontraron en efecto alguna resistencia, empéro considérese esta, el resultado de una fidelidad llevada al extremo de unos sentimientos exaltados y de una bravura irreflexiva; mas varió la escena, americanos y europeos se conocen recíprocamente, y saben que si ha habido extravíos por una y otra parte, todos tienen su orígen en virtudes que les honran; vuelven á ser hermanos, todos quieren estrechar los vínculos de su union: las relaciones serán íntimas, los derechos de unos y otros serán fielmente respetados: así lo pactamos, y aun cuando no, á esto están decididas las voluntades, y este tratado que hizo el amor y la recíproca inclinacion, tendrá por siempre el cumplimiento que jamas tuvieron los que formó la política y la fuerza.

El contenido de esta carta se servirá V. S. mandarlo publicar, y yo espero que si hay aun alguno que no esté desengañado, lo quedará con su lectura: si esta no bastase, considérese como perturbador de la tranquilidad pública, al que de cualquier manera manifieste desagrado ó desconformidad.

Tengo noticias que se dirigen á este puerto procedentes de la Habana 400 ó mas hombres, enviados por el capitan general de dicha isla para la guarnicion de la plaza: variaron las circunstancias; y estas tropas léjos de ser útiles, serian perjudicialísimas, porque entre otros males producirian el de que se dudase de mi buena fé, sin que tan corto número de soldados pudiese aun cuando estuviesemos en el caso de iutentar defensa, ser de algun provecho. ¿A qué militar se le ocultará la defensa que puede hacer Veracruz, aun guarnecida? Y suponiéndola una fortificacion de primer órden, ¿cuál seria al fin el resultado? Sucumbir ¿Y si se conservase? Para España seria de ninguna utilidad. Esto supuesto, y refiriendome á lo que llevo dicho, prevengo á V. S. (y le hago responsable en caso de inobservancia), que no permita el desembarco de tales tropas, sino que si han llegado las mande reembarcar inmediatamente, proporcionándoles para que se vuelvan, al punto de donde salieron, todos los auxilios que necesiten, para lo que usará V. S. de cualquier recurso y de cualquier fondo por privilegiado que sea, en la inteligencia que no tendrá V. S. disculpa si no lo verifica, porque le concedo para este caso todas las facultades que yo tengo. Si aun no han llegado, saldrá luego luego una embarcacion ménor, la que esté mas pronta, á cruzar á la altura que convenga y por donde deban venir necesariamente, á comunicarles mi deteaminacion de que regresen sin entrar en el puerto. Si enfermedades, falta de víveres, ú otra razon exigiere que toque á tierra ántes de cambiar de rumbo, que se dirijan á Tampico, ó Campeche, á donde en tal caso exhortará V. S. á las autoridades, para que sean auxiliadas, y me avisará para proporcionar yo se comuniquen las órdenes convenientes al mismo efecto.

El servicio es interesantísimo, y espero sea puntualmente desempeñado, confiando en la actividad de V. S., y en el tino con que sabe dar sus disposiciones.

Este pliego es conducido por un extraordinario y por el mismo se servirá V. S. dirigirme la contestacion, sin perjuicio de que me dé avisos oportunos de cualquier novedad que merezca atencion.

Dios guarde á V. S. muchos años.

Villa de Córdoba; 26 de Agosto de 1821.—*Juan O'Donojú*.—Sr. Gobernador de Veracruz.

NUMERO 4.

Tratados celebrados en la villa de Córdoba, el 24 del presente, entre los señores D. Juan O'Donojú, teniente general de los ejércitos de España, y D. Agustin de Iturbide, primer gefe del E. I. M. de las tres garantías.

Pronunciada por Nueva España la independencia de la antigua, teniendo un ejército que sostuviese este pronunciamiento, decididas por él las provincias del reino, sitiada la capital en donde se habia depuesto á la autoridad legítima, y cuando solo quedaban por el gobierno europeo las plazas de Veracruz y Acapulco, desguarnecidas y sin medios de resistir, á un sitio bien dirigido y que durase algun tiempo, llegó al primer puerto el **teniente** general D. Juan O'Donojú, con el carácter y representacion de capitan general y gefe superior político de este reino, nombrado por S. M. C., quien deseoso de evitar los males que afligen á los pueblos, en alteraciones de esta clase, y tratando de conciliar los intereses de ambas Españas, invitó á una entrevista al primer gefe del ejército imperial D. Agustin de Iturbide, en la que se discutiese el gran negocio de la independencia, desatando sin romper los vínculos que unieron á los dos continentes. Verificóse la entrevista en la villa de Córdoba, el 24 de Agosto de 1821, y con la representacion de su carácter el primero y la del imperio mexicano el segundo, despues de haber conferenciado detenidamente, sobre lo que mas convenia á una y otra nacion, atendido el estado actual y las últimas ocurrencias, convinieron en los artículos siguientes, que firmaron por duplicado, para darles toda la consolidacion de que son capaces esta clase de documentos, conservando un original cada uno en su poder para mayor seguridad y validacion.

1. Esta América se reconocerá por nacion soberana é independiente, y se llamará en lo succesivo imperio moderado.

2. El gobierno del imperio será monárquico constitucional mexicano.

3. Será llamado á reinar en el imperio mexicano (prévio el juramento que designa el art. 4 del

plan), en primer lugar el Sr. D. Fernando VII, rey católico de España, y por su renuncia ó no admision, su hermano el serenísimo Sr. infante D. Cárlos; por su renuncia ó no admision, el serenísimo Sr. infante D. Francisco de Paula; por su renuncia ó no admision, el serenísimo Sr. D. Cárlos Luis, infante de España, ántes heredero de Etruria, hoy de Luca, y por la renuncia ó no admision de este, el que las córtes del imperio designaren.

4. El emperador fijará su córte en México, que será la capital del imperio.

5. Se nombrarán dos comisionados por el Exmo. Sr. O'Donojú, los que pasarán á la corte de España, á poner en las reales manos del Sr. D. Fernando VII copia de este y tratado, exposicion que le acompañará, para que sirva á S. M. de antecedente, miéntras las córtes del imperio le ofrecen la corona, con todas las formalidades y garantías que asunto de tanta importancia exige; y suplican á S. M., que en el caso del artículo 3º se digne noticiarlo á los serenísimos Sres. Infantes, llamados en el mismo artículo por el órden que en él se nombran; interponiendo su benigno influjo, para que sea una persona de las señaladas de su augusta casa, la que venga á este imperio, por lo que se interesa en ello la prosperidad de ambas naciones, y por la satisfaccion que recibirán los mexicanos, en añadir este vínculo á los demas de

amistad, con que podrán y quieren unirse á los españoles.

6. Se nombrará inmediatamente conforme al espíritu del Plan de Iguala, una junta compuesta de los primeros hombres del imperio por sus virtudes, por sus destinos, por sus fortunas, representacion y concepto, de aquellos que están designados por la opinion general, cuyo número sea bastante considerable, para que la reunion de luces asegure el acierto en sus determinaciones, que serán emanaciones de la autoridad y facultades que les conceden los artículos siguientes.

7. La junta de que trata el artículo anterior se llamará junta provisional gubernativa.

8. Será individuo de la junta provisional de gobierno el teniente general D. Juan O'Donojú, en consideracion á la conveniencia de que una persona de su clase tenga una parte activa é inmediata en el gobierno, y de que es indispensable omitir algunas de las que estaban señaladas en el expresado plan, en conformidad de su mismo espíritu.

9. La junta provisional del gobierno tendrá un presidente nombrado por ella misma, y cuya eleccion recaerá en uno de los individuos de su seno, ó fuera de él, que reuna la pluralidad absoluta de sufragios: lo que si en la primera votacion no se verificase, se procederá á segundo escrutinio, entrando á él los dos que hayan reunido mas votos.

10. El primer paso de la junta provisional de gobierno, será hacer un manifiesto al pbblico de su instalacion, y motivos que la reunieron, con las demás explicaciones que considere convenientes para ilustrar al pueblo sobre sus intereses, y modo de proceder en la eleccion de diputados á córtes, de que se hablará despues.

11. La junta provisional de gobierno nombrará en seguida de la eleccion de su presidente, una regencia compuesta de tres personas de su seno ó fuera de él, en quien resida el poder ejecutivo y que gobierne en nombre del monarca hasta que éste empuñe el cetro del imperio.

12. Instalada la junta provisional, gobernará interinamente conforme á las leyes vigentes, en todo lo que no se oponga al plan de Iguala, y mientras las córtes formen la constitucion del Estado.

13. La regencia inmediatamente despues de nombrada, procederá á la convocacion de córtes, conforme al método que determine la junta provisional de gobierno; lo que es conforme al espíritu del art. 24 del citado plan.

14. El poder ejecutivo reside en la regencia, el legislativo en las córtes; pero como ha de mediar algun tiempo antes que éstas se reunan, para que ambos no recaigan en una misma autoridad, ejercerá la junta el poder legislativo: primero, para

los casos que puedan ocurrir y que no den lugar á esperar la reunion de las córtes; y entonces procederá de acuerdo con la regencia: segundo, para servir á la regencia de cuerpo auxiliar y consultivo en sus determinaciones.

15. Toda persona que pertenece á una sociedad, alterado el sistema de gobierno ó pasando el país á poder de otro príncipe, queda en el estado de libertad natural par trasladarse con su fortuna á donde le convenga, sin que haya derecho para privarle de esta libertad, á ménos que tenga contraida alguna deuda con la sociedad á que pertenecia, por delito ó de otro de los modos qqe conocen los publicistas: eu este caso están, los europeos avecindados en Nueva España y los americanos residentes en la Península; por consiguiente serán árbitros á permanecer adoptando esta ó aquella patria, ó á pedir su pasaporte, que no podrá negarseles, para salir del reino en el tiempo que se prefije, llevando ó trayendo consigo sus familias y bienes, pero satisfaciendo á la salida por los últimos, los derechos de exportacion establecidos ó que se establecieren por quien pueda hacerlo.

16. No tendrá lugar la anterior alternativa respecto de los empleados públicos ó militares, que notoriamente son desafectos á la independencia mexicana; sino que estos necesariamente saldrán de este imperio, dentro del término que la regencia

prescriba, llevando sus intereses, y pagando los derechos de que habla el artículo anterior.

17. Siendo un obstáculo á la realizacion de este tratado la ocupacion de la capital por las tropas de la Península, se hace indispensable vencerlo: pero como el primer gefe del ejército imperial, por sus sentimientos y los de la nacion mexicana, desea no conseguirlo con la fuerza, para lo que le sobran recursos, sin embargo del valor y constancia de dichas tropas peninsulares, por la falta de medios y arbitrios para sostenerse contra el sistema adoptado por la nacion entera, D. Juan O'Donojú ofrece emplear su autoridad, para que dichas tropas verifiquen su salida sin efusion de sangre y por una capitulacion honrosa.

Villa de Córdoba, 24 de Agosto de 1821.— *Agustin de Iturbide.—Juan O'Donojú.*

Por vía de incidencia se inserta aisladamente para las reflexiones convenientes la siguiente representacion del general Garza al Soberano Congreso, pidiéndole dos dias antes de la proclamacion que se hizo del Sr. Iturbide para Emperador, la forma de gobierno republicano.

Señor.—Cuando vá de pormedio la salud de la patria, el silencio es un crímen, tanto mayor, cuanto mas inminente sea el peligro. A este convencimiento es debido el que yo, animado del patriotismo mas puro, me permita el hodor de elevar hasta V. M. los sentimientos y la opinion de estos pueblos, sobre lo que mas les interesa.—Ellos, señor, al declararse por la causa augusta de la independencia, aspiraron á sustraerse para siempre de la dominacion real, que tan ominosa les fué, y que por mas límites y barreras que se le opongan, tiende constantemente á ensancharse, hasta degenerar en tiranía. Así juraron el plan de Iguala, que garantía las bases esenciales de Independencia, Relgion y Union, sin dudar un momento que el gobierno monárquico, establecido en él, y el llamamiento de los Borbones no podian ser con mas fin que el político de unir la opinion de un número considerable de gentes; que espantadiza de cualquiera otra forma que se hubiese proclamado por su nimio apego á aquella institucion, podrian haber retardado por mas tiempo el general pronunciamiento de las provincias, y causándonos mayores males. Ni podian creer otra cosa, cuando saben muy bien que facultad tan delicada solo puede ejercerse legítimamente por V. M., que representa la soberanía nacional, sea cual fuere el mérito y las circunstancias en que se vió el héroe libertador de la patria. Dejaban pues, á la sabiduría y prudeucia de V. M. la aprobacion que de derecho le pertenecia, sobre el plan de Iguala, y tratados de Córnoba; y que rompiendo el muro que oponian á vuestra autoridad soberana, hubiese V. M. sancionado con absoluta libertad la forma de gobierno mas análoga y útil á la nacion: forma que se acomodase tambien á la establecida generalmente en todos los Estados independientes de ambas Américas: forma que asegurase para siempre nuestra libertad y la soberanía del pueblo; forma, en fin, republicana....... El digno representante de esta provincia trasmitió este voto á V. M., en su vez, y no puede atribuirse á espíritu de novacion el deseo que ella tiene por verlo admitido y sancionado por V. M.

Pero cuando estos mismos pueblos perdieron su mas lisongera esperanza, con la sancion que V. M. dió al gobierno monárquico moderado; cuando recordaron que para esto se coartó la libertad de V. M. con juramento prévio que mudó la esencia de V. M., de, constituyente en constituido; cuando advirtieron que pudo V. M. ser sorprendido por los partidarios del gobierno español, así como es de creer lo fué el gobierno provisional, que precedió á la instalacion de V. M., por la detencion de esta misma instalacion, demorada contra la espectacion y deseos de toda la nacion, convocando al fin la representacion nacional de una manera contraria á los sencillos elementos de la eleccion popular, circunscribiendo á los pueblos, y sus poderes á formulas viciosas; entónces, Señor, llegó á su colmo el sufrimiento, y unos querian negarse abiertamente á la obediencia, protestar otros, y todos habrian hecho un sacudimiento, si no los hubiese contenido la firme seguridad que presagiaron de que aun era tiempo para que V. M. aguardase un momento favorable en que pronunciarse por sus mas caros intereses.

Vino por fin tan feliz instante. España invalida el tratado de Córdoba: nos declara la guerra y apresta escuadras con que dominarnos nuevamente. Mas V. M. con motivo tan solemne, recobra su libertad para entrar en nueva sancion y declarar la forma de gobierno que mas convenga y acomode á la augusta nacion que representa. Ninguna consideracion puede retraer á V. M. de tan urgente como importante declaracion. Venturosamente reune V. M. todos los medios de hacerlo; y si por desgracia faltase á V. M. la fuerza armada yo tengo la satisfaccion de estar y consagrarme á las órdenes de V. M., con esta provincia de mi mando y con dos mil caballos que sostendrán á todo trance las resoluciones de V. M. Conviene, Señor, no perder la ocasion y ganar tiempo. Los enemigos interiores y exteriores se acercan siempre cautelosos, y la patria con sus mas esforzados hijos está á riesgo de ser víctima del mas pequeño descuido. Sálvela V. M. dando á la tiranía el golpэ mortal, y á la santa libertad un dia de gloria y de satisfaccion, que trasmitirá á la mas remota posteridad con alabanza y bendiciones el nombre glorioso de los padres de la patria.

Soto la Marina, 16 de Mayo de 1822.—Señor. —*Felipe de la Garza.*—Al soberano congreso constituyente mexicano.

NOTA.

No consta en las colecciones de órdenes y decretos de la soberana junta ni del congreso, los relativos al nombramiento de Generalísimo Almirante, y reconocimiento de Emperador, en la persona del Sr. Iturbide. Tampoco existe el que le autorizó para ocupar la conducta de caudales que marchaba Veracruz; sin embargo, hay motivos fundados para creer que se expidieron y fluyen de la connivencia, al ménos aparente, del soberano cuerpo legislativo, y de la lectura de sus sesiones en aquellos dias.

NUMERO 5.

Representacion del brigadier D. Felipe de la Garza al emperador.

Señor.—El gefe de la provincia del Nuevo Santander, el ayuntamiento y vecindario de Soto la Marina, y los oficiales y tropa de las compañías de la milicia de la misma provincia, reunidos con ella, penetrados del mas vivo sentimiento por las providencias opresivas de la libertad política de la nacion, que con escándalo universal y violacion de los derechos mas sagrados ha adoptado en estos dias el gobierno de V. M. I., bien ciertos de que ellas no proceden de la recta intencion de V. M. I., sino de las arterias é intrigas del ministerio, vendido á los partidarios del gobierno español, para dividirnos y despedazarnos, elevamos á V. M. I., con toda la dignidad de hombres libres, la representacion de nuestras quejas y agravios, y la sorpresa que nos ha causado la prision de los beneméritos diputados del soberano congreso constituyente, con que ha quedado reducida á mera nulidad la representacion nacional, y bajo la influencia del gobierno, si ya no se ha disuelto. ¿Cómo tan pronto olvidarse V. M. I., del sagrado juramento que otorgó en el seno del congreso? Allí protestó V. M. I., del modo mas solemne ante Dios y los hombres, que respetaria sobre todo la libertad política de la nacion y la personal de cada individuo. ¿Y como se entiende esto, Señor, con la destruccion del congreso, con las prisiones ejecutadas en esta capital, y las que se han mandado hacer en las provincias, de hombres patriotas amantes de su libertad? Se cohonesta es cierto, con el especioso velo de subversiones, divergencias de opiniones, y trastorno del Estado: pero, Señor, en quien está la verdadera subversion y divergencia, es en el ministerio, cuyos intereses son irreconciliables con los de los pueblos. El, Señor, aspira á gobernar bajo el nombre de V. M. I., sin sujecion ni responsabilidad: él quiere reunir en su seno todos los poderes, y ejercerlos despótica y tiránicamente: él quiere imponernos un yugo tan duro, que proclamemos como el mejor, el sacudido gloriosamente por por el venturoso y glorioso grito de Iguala: él quiere en fin, comprometer á V. M. I. con los pueblos, haciendo parecer distintos sus intereses, cuando están identificados.

Señor, nosotros no pretendemos establecer nuevas formas, ni derogar cosa alguna de las sancionadas. Queremos sí, que gobierne la ley y no el capricho; que el gobierno haga nuestra felicidad, y no la suya: que V. M. entienda que no nos guia el espíritu revolucionario, ni inovador, sino el deseo único del bien de la patria. Hemos jurado un gobierno monárquico constitucional, y no tratamos de alterarlo, ni atacarlo; pero si deseamos y pretennemos, que no degenere en absoluto. exigimos el cumplimiento del juramento de V. M., y nada mas.

Consiguiente á essa resolucion que hemos adoptado y jurado sostener, sacrificando si es preciso nuestras vidas, nuestras fortunas y cuanto tenemos de mas caro sobre la tierra, suplicamos á V. M. I:

1. Que se sirva mandar poner en libertad inmediatamente á los diputados del congreso, aprehendidos en la noche del 26 de Agosto, y á todos los demás que despues lo hubieren sido.

2. Que el congreso se instale en el punto que elija, y donde delibere con absoluta libertad.

3. Que el ministro actual sea depuesto y juzgado con arreglo á la ley.

4. Que se extingan y supriman esos tribunales militares de seguridad pública, en donde estén ya establecidos.

5. Que igualmente se pongan en libertad todos los demás presos por sospechas, que hubiere en México y en las provincias, por la circular de la primera secretaría de Estado, de 27 de Agosto, juzgándose con arreglo á las leyes y por los tribunales establecidos por ellas, á los que resultaren convencidos de algun crímen; y por último, que se observen las leyes fundamentales que hemos adoptado interinamente.

Si (lo que Dios no permita) V. M. I. desoye estas sencillas peticiones, el genio del mal y de la discordia vá á lanzarse sobre el desolado Anáhuac, y vamos á ser envueltos en una guerra, cuyo término será siempre por la causa augusta de la libertad.

Nosotros, á lo ménos, y toda esta provincia del Nuevo Santander, fieles á nuestros juramentos y justos apreciadores de la libertad, morirémos primero gloriosamente en el campo del honor que sucumbir al fiero despotismo. Hemos tomado las armas, no para dirigirlas contra V. M., sino contra los que abusando de su nombre quieren esclavizarnos, con cadenas muy mas pesadas que las que acabamos de romper; y no las dejarémos de la mano, hasta haber conseguido libertar al congreso, libertar á V. M., de las insidiosas asechanzas que le están tejiendo hombres malvados, para perder á V. M. y á la nacion, y sobre todo hasta salvar á esta de los males que la amenazan. En vuestra mano, Señor, está el evitarlos. Que diga la posteridad que el grande Agustin I salvó dos veces á la nacion mexicana.

Y miéntras que V. M. resuelve sobre los particulares que dejamos asentados, no hemos permitido se encargue del mando de esta provincia el coronel D. Pedro José Lanuza, que venia á recibirlo, y por quien no queremos ser mandados ahora, ni en ningun tiempo. El gefe actual que tenemos es de toda nuestra confianza y satisfaccion, y debe serlo de la de V. M., por sus virtudes y patriotismo, y no dejarémos que se encargue otro ninguno del mando, hasta no haber asegurado nuestra libertad. Tampoco permitirémos que se introduzca tropa de fuera. Si alguna quisiere hacerlo á fuerza de armas, sin oir la voz de la razon, y la justicia que nos asiste, para acudir en cualquier caso á V. M., como á buen padre de sus pueblos, se les contestará tambien con las armas, sin que por nuestra parte se dé lugar al derramamiento de sangre, á ménos que no seamos forzados á repeler la fuerza con la fuerza, y siempre, guardarémos el derecho de la guerra y el de gentes, llorando eternamente la sangre de nuestros hermanos que seamos precisados á verter.

Plegue á Dios ilustrar á V. M. I. sobre la resolucion que esperamos por el mismo conducto, y conservar ilesa la preciosa vida de V. M., los muchos años que le pedimos, para que haga nuestra felicidad.

Soto la Marina, 26 de Setiembre de 1822, 2º de nuestra independencia.—Señor.—*Felipe de la Garza.*

Siguen las firmas del ayuntamiento, de los electores é individuos de la diputacion provincial, del cura párroco, de los oficiales de las milicias y vecindario de consideracion.—Dicha representacion llegó el domingo 6 de Octubre de 1822.

NUMERO 6.

Copia de la circular comunicada con fecha de ayer por el Exmo. Sr. D. José María de Herrera, secretario de Estado y del despacho de Relaciones interiores y exteriores.

Pocos dias despues de comunicada á este gobierno la noticia de una sublevacion verificada en la Colonia del Nuevo Santander, por D. Felipe de la Garza, complicado en la conspiracion que sofocó la vigilancia de S. M. I., en 26 de Agosto último, se han recibido partes oficiales de la completa pacificacion de aquel territorio, debida á las providencias que con la velocidad del rayo dictó la actividad de nuestro digno Emperador, para precaver los movimientos que temia por aquella parte, á consecuencia de los antecedentes que obraban en la causa, contra la conducta del expresado Garza, seducido por las intrigas de los agitadores de esta capital, que tenian todas sus esperanzas en la cooperacion de aquel incauto gefe. La completa sumision de todos sus secuaces, y el amargo desengaño de la impotencia de tales esfuerzos, para derrocar el trono de S. M., cimentado en el amor acendrado de los pueblos, ha sido el fruto de unas tentativas que jamás dejarán de producir los mismos resultados, cuantas geces intenten renovarse.

En oficio de 13 del corriente, dirigido desde la Haciendo de Buenavista al Exmo. señor capitan general de las provincias interuas de Oriente y Occidente, D. Anastasio Bustamante, dice el señor brigadier D. Zenon Fernandez, comandante general de San Luis Pdtosí, lo siguiente:

"Dirijo á V. E. el pliego y documento que me acompaña el coronel D. Pedro Lanuza, y un oficio de D. José Antonio Quintero: de todo resulta que Garza se fugó solo, y á los preocupados que habia reunido les entró el miedo, y cada uno se volvió á su casa, en vista de nuestras tropas.

Cincuenta leguas caminamos, y sigo, para mejor informarme, dando un corto paseo á la tropa por la Colonia, para que imponga respeto, por si acaso hubiere alguna mala semilla.

Toda mi tropa y oficiales están llenos de disgusto por no haberse batido, lo que no pudieron conseguir, pues circuladas mis órdenes, conocida mi firma y mi tropa, ya no quisieron seguir á Garza los de la Colonia, á quienes ciertamente tenia engañados.

Suplico á V. E. que de mi parte haga presente á S. M. I., que la Colonia queda pacífica y que es regular que Garza se haya ido á Monterey, para presentarse al Sr. López, bajo el abrigo del canónigo Ramos Arizpe, que seguramente ha estado con el expresado Garza."

Tengo la satisfaccion de participar á V. esta plausible noticia, que al mismo tiempo que acredita el celo con que S. M. I. vela sobre la conservacion y bienestar de sus pueblos, justifica mas y mas la necesidad de las medidas que se vió obligado á tomar, para reprimir la conspiracion en esta capital y otros puntos del imperio. Espero se sirva V. comunicar á quien le corresponda este feliz acontecimiento por los conductos de estilo.

NUMERO 7.

Acta de Casa Mata.

Los Sres. generales de division, gefes de cuerpos sueltos, oficiales del estado mayor uno por clase del ejército, reunidos en el alojamiento del general en gefe, para tratar sobre la toma de la plaza de Veracruz y de los peligros que amenazan la patria, por la falta de representacion nacional (único baluarte que sostiene la libertad civil), despues de haberse discutido extensamente sobre su felicidad, con presencia del voto general, acordaron en este dia lo siguiente:

Art. 1. Siendo inconcuso que la soberanía reside esencialmente en la nacion, se instalará el congreso á la mayor brevedad posible.

Art. 2. La convocatoria para las nuevas córtes se hará bajo las bases prescritas para las primeras.

Art. 3. Respecto que entre los señores diputados que formaron el extinguido congreso, hubo algunos, que por sus ideas liberales y firmeza de carácter, se hicieron acreedores al aprecio público, al paso que otros no correspondieron debidamente á la confianza que en ellos se depositó; tendrán las provincias la libre facultad de reelegir á los primeros y sustituir á los segundos, con sugetos mas idoneos, para el desempeño de sus árduas obligaciones.

Art. 4. Luego que se reunan los representantes de la nacion, fijarán su residencia en la ciudad ó pueblo que estimen por mas conveniente, para dar principio á sus sesiones.

Art. 5. Los cuerpos que componen este ejército y los que succesivamente se adhieran, ratificarán el solemne juramento de sostener á toda costa la representacion nacional.

Art. 6. Los gefes, oficiales y tropa que no estén conformes con sacrificarse por el bien de la patria, podrán trasladarse adonde les convenga.

Art. 7. Se nombrará una comision que con copias de la acta marche á la capital del imperio, á ponerla en manos de S. M. el Emperador.

Art. 8. Otra comision con igual copia á la plaza de Veracruz, á proponer al gobernador y corporaciones de ella lo acordado por el ejército, para ver si se adhieren á él ó no.

Art. 9. Otro á los gefes de los cuerpos dependientes de este ejército que se hallan sitiando al puente y en las villas.

Art. 10. En el ínterin contesta el supremo gobierno, con presencia de lo acordado por el ejército, la diputacion provinsial de esta provincia será la que delibere en la parte administrativa, si aquella resolucion fuese de acuerdo con la opinion.

Art. 11. El ejército nunca atentará contra la persona del Emperador, pues lo contempla decidido por la representacion nacional: aquel se situará en las villas ó en donde las circunstancias lo exijan, y no se desmembrará con pretexto alguno, hasta que no lo disponga el soberano congreso, atendiendo á que será el que lo sostenga en sus deliberaciones.

Cuartel general de Casa Mata, á 1º de Febrero de 1823.—Por el regimiento de infantería núm. 10, Simon Rubio, Vicente Neri y Barbosa, Luis de la Portilla, Manuel María Hernandez, José María Gonzalez Arévalo. Id. por el núm. 7, Andrés Rangel, Antonio Morales. Id. por el núm. 5, Mariano García Rico, Rafael Rico, José Antonio Heredia, Rafael de Ortega. Id. por el núm. 2, José Sales, José Antonio Valenzuela, Juan Bautista Morales, Juan de Andonegui. Id. por los granaderos de infantería, Joaquin Sanchez Hidalgo. Id. por la artillería, Francisco Javier Berna. Por el 12 de caballería, José de Campo. Id. por el 10,

José María Leal, Estévan de la Mora, Anastasio Bustamante, Juan Nepomuceno Aguilar Tablada, Id. por el 1, Manuel Gutierrez, Luciano Muñoz, Ventura Mora, Francisco Montero. Mayor de órdenes de la izquierda, Andrés Martinez. Id. de la derecha, Rafael de Ortega. Id. del ejército, José María Travesí. Gefe suelto, Juan Arago. Gefe del centro, Juan José Codallos. Id. de la izquierda, Luis de Cortazar. Id. de la derecha, José María Lovato. General del ejército, José Antonio de Echávrri·—Es copia.—Fecha ut supra.—Gregorio de Arana, secretario.

NUMERO 8.

Proclama de S. M. el Emperador al ejército trigarante.

Soldados trigarantes: nunca os dirigiera la palabra con mas necesidád, ni con mayor importancia, que cuando se empeñan en extraviaros de la senda del bien, y cuando la patria se interesa grandemente en el acierto de vuestros pasos. Yo estoy seguro de la rectitud de vuestras intenciones, y os amo cordialmente como á hijos los mas beneméritos, porque vosotros cambiasteis momentáneamente y sin estragos, el gobierno español en mexicano, haciendo independiente nuestro suelo, del dominio extrangero, porque sois los primeros soldados del mundo, que sabeis reunir al furor en la batalla, la compasion con el vencido y débil, á la fortaleza la generosidad; porque soy testigo de vuestra resignacion en las privaciones y fatigas. Os amo finalmente, porque me amais, y porque siempre habeis unido gustosos vuestra suerte con la mia.

Sí, soldados, mi suerte y la vuestra están hoy intimamente unidas á la de la patria: las desgracias de esta, son nuestras y en su posteridad y bienes, tendremos la mejor parte, porque nadie nos quitará la gloria de haberla dado libertad, consolidado el gobierno que deseaba y precavídola de males incalculables, á costa de sacrificios y fatigas, que sabrá apreciar la posteridad.

Soldados: libertásteis por dos veces á la patria de la anarquía; estais en el caso y obligacion de hacerlo la tercera. La division en los pueblos es causa precisa de su desolacion; esto es lo que procura el gobierno español, para dominarnos de nuevo y esto es por lo mismo, lo que mas cuidadosamente debemos evitar. Sabed: que las intrigas inhumanas y astutas del gabinete de Madrid, son causa de las guerras intestinas de Buenos-Aires, aunque la España no haya sacado otro fruto que el triste sacrificio de cien mil hombres. El mismo empeño tiene en Colombia y en el Perú: sepamos, pues, en México frustrar sus miras, imitando el carácter firme y constante de los chilenos.

Mi voz debe ser para vosotros el norte mas seguro. He llegado á la última dignidad (aunque contra mi voluntad y deseo): no tengo á que aspirar, y por lo tanto no necesito hacer escala de cadáveres, como otros quieren para subir. Acordaos que siempre os dirigí á la victoria; siempre en favor de la patria; siempre por el camino del bien, y siempre evitando la efusion de sangre, porque para mí es de mucha estima la de cualquier hombre.

Sabeis que cuando algunos representantes del pueblo, extraviados en el santuario mismo de las leyes, á tiempo que acabábais de establecer la representacion nacional, os llamaban carga pesada, é insoportable, asesinos pagados, y se empeñaban en hacer desaparecer el ejército, yo fuí quien lo sostuvo á todo trance, y lo sostuvo porque vuestros servicios inestimables os hacian acreedores á ello, y porque era preciso para conservar nuestra independencia, precaver las convulsiones interiores y consolidar nuestro gobierno en su mismo establecimiento. Considerad con atenta circunspeccion la conducta y las operaciones de los que os hablan, qué es lo que tienen que perder, y á lo que pueden aspirar, y esta regla os será muy útil para evitar el engaño.

Finalmente, soldados, tened presentes vuestros juramentos, la denominacion de trigarantes os los recuerdan. Debeis de sostener la religion cristiana, mantener la independencia de nuestro país, y conservar la union entre sus habitantes. Jurásteis tambien mantener la monarquía moderada constitucional, porque así es conforme al voto unánime de los pueblos del septentrion. Yo estoy ligado con iguales juramentos, los hice en Iguala, y los he ratificado solemnemente ante el Dios de la verdad, con la mayor efusion de mi corazon, porque estoy plenamente convencido de haberlo hecho con la mayor justicia y necesidad. Me vereis siempre á vuestro lado para desempeñar mis deberes, por los cuales haré sacrificio gustoso de mi comodidad, de mi reposo y de mi existencia: ni un padre anciano, ni ocho hijos tiernos, ni una esposa amable, ni cosa alguna me servirá de obstáculo, para obrar conforme á mis principios; por el contrario, en todas esas caras prendas de la naturaleza, descubre mi honor nuevos estímulos. No salga de vuestros lábios, ni se aparte de vuestros corazones el deseo de sacrificaros conmigo, si es preciso, por la religion santa que profesamos, por la libertad de nuestra patria, por la union y órden entre todos sus habitantes, y por la monarquía moderada constitucional, pues que así lo jurásteis, así es conveniente, y ésta es la voluntad general de la nacion.

México, 11 de Febrero de 1823.—*Agustin.*

NUMERO 9.

Exposicion del ex—Emperador al congreso nacional.

"Señores diputados.—La expresion de la verdad, jamás ofendió á la delicadeza, ni al mas pundonoroso decoro: jamás tampoco la oyeron con desagrado el hombre de bien: en el palacio y en la cabaña, siempre dió honor al que la pronunció, y no ménos al que no se resintió de oirla.

Próximo á alejarme de la córte, es mi deber manifestarla á la nacion, dirigiéndome á sus representantes.

Subiendo al trono no se deja de ser hombre: el patrimonio de estos es el error: los monarcas no son infalibles; por el contrario, mas disculpables en sus faltas, ó llámeseles delitos, si cabe tal contradiccion con los principios del dia; sí, mas disculpables, porque colocados en el centro de los movimientos, en el punto á que se dirigen los negocios, ó lo que es lo mismo, en que chocan todas las pasiones de los que forman los pueblos, su atencion dividida en multitud de inumerables objetos, su alma aturdida fluctúa entre la verdad y la mentira, la franqueza y la hipocresía, la amistad y el interés, la adulacion y el patriotismo: todos usan un mismo lenguaje, todo se presenta al príncipe con iguales apariencias: él bien podrá desear lo mejor, y este mismo deseo le precipita al mal; pero el filósofo descansa en su conciencia, y si está expuesto á sentir, no lo está sufrir los remordimientos del arrepentimiento: por desgracia aun los consejos que se dan de buena fe no son siempre los que producen el acierto.

Los que hoy sobre las providencias que mas han fijado la atencion, me persuadieron que la felicidad de la patria exigia hacer lo que hice, y á lo que se atribuyen resultados que habrian sido los mismos de otro modo, con solo la diferencia de que la causa verdadera ó aparente (esto lo decidirá el tiempo), habria sido en un caso debilidad y en otro despotismo: ¡triste es la situacion del que no puede acertar, y mas triste cuando está penetrado de esta importancia! Los hombres no son justos con sus contemporáneos; es preciso apelar al tribunal de la posteridad, porque las pasiones se acaban con el corazon que las abriga.

Se habla mucho de la opinion, de su violento desarrollo: siempre se yerra de prisa, y por lo comun solo despacio se acierta: la opinion tiene su crisol, sus efectos no son efímeros; esto me persuade que tadavía no podemos fijarnos en cual sea la de los mexicanos, porque ó no la tienen, ó no la han manifestado: en doce años bien podian contarse casi otras tantas opiniones tenidas por tales. Comenzaron las diferencias, no me era desconocido su término, ni me era dado tampoco evitar los efectos del destino: yo debia aparecer como débil ó como déspota: me decidí por lo primero, y no me pesa: sé que no lo soy: economicé males á los pueblos: puse un dique á raudales de sangre; esta satisfaccion es mi recompensa.

No desconozco la adhesion que se tiene á mi persona en diversas partes, ni puedo dudar de ella, á vista de testimonios que la convencen. Tampoco ignoro que dando energía al génio de la discordia y activando la marcha de la anarquía que amenaza á la nacion, los pueblos que ahora están desunidos, harian votos diversos y pronunciarian vountad distinta.

Pero mi sistema jamás será el de la discordia. Miro con horror la anarquía, detesto su inflnncia iunesta y deseo la unidad en bien de la nacion donde he nacido, y que por tantos títulos debe ser cara á mis ojos.

El plan que elegí para terminar diferencias ha sido de paz y harmonía, de órden y tranquilidad, no mirando á mi persona, fijando la vista en la nacion, haciendo sacrificios por mi parte, procurando escusar los de los pueblos, evitando que la revolucion tenga el carácter siempre de reaccion física, trabajando para que tenga el de un movimiento indicado solamente por los pueblos, y ejecutado con prudencia por las autoridades.

Mandé á Jalapa comisionados para que hablando en la confianza de la armonía con los generales y gefes del ejército, se terminasen en paz y sosiego las diferencias ocurridas: presenté á la deliberacion de la junta los puntos que iban embarazando la conclusion de un negocio tan sério como trascendental: decreté el restablecimiento del congreso, cuando se me manifestó primero por los comisionados y despues por la diputacion de esta provincia, que la reposicion del que existia antes, era conforme á la voluntad de la mayoría y á los deseos de los generales y gefes: lo restablecí cuando supe que habia en México suficiente número de diputados para formarlo: le manifesté el dia de su restablecimiento que estaba dispuesto á cualquiera sacrificio que exigiese el *verdadero bien de la nacion:* dejé á su eleccion lo del lugar donde juzgase necesario reunirse y tener sus sesiones: le reiteré mi respeto á la voluntad general de la nacion y al congreso que la representa; propuse que si para su libertad y seguridad estimaba necesario que se retirasen todas las tropas, su acuerdo seria decisivo y el congreso deliberaria sin ver armas en derredor de él: le hice presente por el ministerio respectivo que si no creia bastantes para verse libre y seguro las medidas hasta entónces tomadas, acordase las que creyese necesarias, convencido de que el gobierno dispondria al instante su ejecucion y cumplimiento: abdiqué la corona expresando que si era orígen de disenciones, no queria lo que embarazase la felicidad de los punblos: añadí que decidido este punto me expatriaria, saliendo de esta América, y fijando mi residencia y la de mi familia en un país extraño, donde distante de México, no se presumiese jamás influjo mio en la marcha que siga esta gran sociedad: expuse que miéntras se resolvia el artículo de abdicacion, me retiraria de la córte, para dar esta prueba mas de mis deseos por la libertad del congreso en negocio tan grave: pedí que él mismo comisionase individuos de su seno, para que tratando con los generales del ejército, fijase, oida su voz y la mia, el modo decoroso con que debia retirarme: no quise hacer uso de la eleccion que se me daba para nombrar los quinientos hombres, que debian servir de escolta á mi persona: propuse yo mismo que el general D. Nicolás Bravo, que merece justamente la confianza pública, fuese el gefe de aquella escolta: he querido que vistos mis pasos, oidas mis voces, presenciadas mis acciones, las de los pueblos, caminando á su felicidad, ó alejándose de ella, no se crean jamás influidas por mí.

No se ha presentado al pensamiento la necesidad de otro sacrificio. Si en la extension de la posibilidad hay algun otro que exija el verdadero interés de la nacion, yo estoy dispuesto á hacerlo. Amo la patria donde he nacido, y creo que dejaré á mis hijos un nombre mas sólidamente glorioso, sacrificándome por ella, que mandando á los pueblos desde la altura peligrosa del trono.

Salgo con toda mi familia: antes do salir debia ponerlo en noticia del congreso, desenvolver los planes de mi gobierno y desarrollar los de mi alma.

Conocí que esta parte rica de la América no debia estar sometida á Castilla. Presumí que esta era la voluntad de la nacion: sostuve sus derechos y proclame su independencia. He trabajado en su gobierno y abdico la corona, si la abdicacion es necesaria para su felicidad.

El congreso es la autoridad primera que vá á dar direccion al movimiento de los pueblos. Si éstos llegan al objeto de sus deseos, sin derramar la sangre de sus individuos; si unidos en derredor de un centro comun, cesan las divergencias y divisiones, siempre embarazadoras del bien; si constituidos por unas leyes sábias levantadas sobre bases sólidas, quedan asegurados en el goce de sus derechos; si gozando de los que les dá la naturaleza, trabajan sin ser distraidos por convulsiones, en abrir ó limpiar las fuentes de riqueza; si protegidos por un gobierno que deje en libertad el interés individual de los labradores, artesanos y comerciantes, llegan todos á ser ricos ó ménos pobres; si la nacion mexicana, feliz con la felicidad de sus hijos, llega al punto que debe ocupar en la carta de las naciones, yo seré el primer admirador de la sabiduría del congreso, me gozaré de la felicidad de mi patria, y terminaré gustoso los dias de mi existencia.

Tacubaya, 22 de Marzo de 1823.—*Agustin*.

NUMERO 10.

Oficio de la secretaría del soberano congreso.

Exmo. Sr.—El soberano congreso general constituyente ha oido la exposicion, que de Lóndres le hace D. Agustin de Iturbide, fecha 13 de Febrero último; y en consecuencia manda se publique la referida exposicion, acompañada del decreto de 28 de Abril próximo pasado.

Lo que comunicamos á V. E., con copia del mencionado documento, para su debido cumplimiento.

Dios y Libertad, México 7 de Mayo de 1824. —*Luis de Cortazar*, diputado secretario.—*José Agustin Paz*, diputado secretario.—Exmo. Sr. secretario de Estado y del despacho de relaciones.

En consecuencia de órden de S. A. S. se insertan los documentos siguientes:

PRIMERO.

Exposicion del Exmo. Sr. D. Agustin de Iturbide.

El amor á la patria animó el grito de Iguala: él me hizo salir, de ella arrostrando graves obstáculos y arde hoy en mi pecho de la misma manera, sin que hayan sido bastante para sacrificarlo ni los términos en que fué concebido el decreto de 8 de Abril de 1823, ni las expresiones que algunas autoridades y alguna corporacion han vertido contra mi buen nombre, sin provecho y sin verdad; todo lo he visto como resultado de equívocos y de pasiones de individuos: respecto de la nacion mexicana, no encuentro sino motivos de reconocimiento y gratitud eterna.

Por esto, luego que se descubrieron de un modo claro las miras europeas contra las Américas, lo que estuvo de tiempo muy atrás en mi prevision, resolví pasar á un punto donde estuviese expedito para volver á servir á los mexicanos, si ellos lo querian, y frustar las medidas que, para impedirlo, presumí tomaban algunos ministros, enviados ante el gobierno de Toscana, y que posteriormente he visto confirmadas por hechos públicos, que supongo en conocimiento de vuestra Soberanía.

A los representantes de esa gran nacion pertenece calcular y decidir, si mis servicios como un simple militar, por el prestigio que acaso subsistirá en mi favor, pueden ser de utilidad para reunir los votos de los pueblos, y contribuir con ellos y con mi espada á asegurar la independencia y libertad de ese país: á mí toca solo manifestar la disposicion en que me hallo para servir, y con sabido fundamento puedo ofrecer, que llevaria conmigo armas, municiones, vestuarios y dinero, y protestar solemnemente, que si viese á México con su libertad asegurada, con una voz sola, y con un interés á todos sus habitantes, y sin enemigos poderosos que combatir, no haria sino felicitarla por tantas venturas, y congratularme cordialmente con ella desde mi retiro. Ni mis deseos; ni mis palabras deben interpretarse: la felicidad verdadera de mi patria es lo que siempre quise: y por ella hago al Todopoderoso fervientes votos.

Lóndres, 13 de Febrero de 1824.—*Agustin de*

Iturbide.—Al soberano congreso constituyente de la nacion mexicana.

Es copia. México 7 de Mayo de 1824.—*Antonio de Mier.*

SEGUNDO.

Soberano decreto que se cita, de 28 de Abril próximo pasado.

Primera secretaría de Estado.—Seccion de gobierno.—El supremo poder ejecutivo me ha dirijido el decreto que sigue.—El supremo poder ejecutivo, nombrado provisionalmente por el soberano congreso mexicano, á todos las que las presentes vieren y entendieren, sabed: que el soberano congreso general constituyente ha decretado lo que sigue:

"El soberano congreso general constituyente se ha servido decretar:

1º Se declara traidor y fuera de la ley á D. Agustin de Iturbide, siempre que bajo cualquiera título se presente en algun punto de nuestro territorio. En este caso, queda por el mismo hecho declarado enemigo público del Estado.

2º Se declaran traidores á la federacion, y serán juzgados conforme á la ley de 27 de Setiembre de 1823, cuantos cooperen por escritos encomiásticos, ó de cualquiera otro modo, á favorecer su regreso á la República mexicana.

3º La misma declaracion se hace respecto de cuantos de alguna manera protegiéren las miras de cualquier invasor extranjero, los cuales serán juzgados con arreglo á la misma ley."

Lo tendrá entendido el supremo poder ejecutivo y dispondrá su cumplimiento, haciéndolo imprimir, publicar y circular.

México, 28 de Abril de 1824.—4.—3.—*José María Cabrera*, presidente.—*Francisco Elorriaga*, diputado secretario.—*José María Jimenez*, diputado secretario.

Por tanto mandamos á todos los tribunales, justicias, gefes, gobernadores y demás autoridades, así civiles como militares y eclesiásticas, de cualquiera clase y dignidad, que guarden y hagan guardar, cumplir y ejecutar el presente decreto en todas sus partes. Tendréislo entendido para su cumplimiento, y dispondreis se imprima, publique y circule.

En México, á 28 de Abril de 1824.—*Nicolás Bravo*, presidente.—*Miguel Dominguez, A. D. Pablo de la Llave.*—Y lo comunico á V. para su inteligencia y cumplimiento.—Dios guarde á V. muchos años. México, 28 de Abril de 1824.—*Llave.*

En carta oficial que ha recibido el supremo gobierno, fecha en Lóndres, á nueve de Febrero último, se dice lo siguiente:

"Iturbide suplica ó exige que le den 12,000 pesos fuertes, del préstamo que acaba de hacerse, á cuenta de su sueldo, ó á cuenta de los intereses que tiene en México, para los que está comisionado el Sr. Navarrete.—V. E. bien verá que estas solicitudes del Sr. Iturbide me son penosas, pues sin instrucciones de nuestro gobierno, nada puedo hacer por él; por otra parte, segun el exámen que me parece he hecho bien, creo que Iturbide no tiene recursos numerarios. El mismo Iturbide me ha asegurado que para subsistir ha vendido ya algunas alhajas, y á su paso por Francfort dejó un hilo y sarcillos de perlas de su mujer, que costaron en México 14,000 pesos y le adelantaron por ellos en Francfort 3,500 pesos."

S. A. S. tiene dispuesto que por ningun motivo se imprima aisladamente en ningun periódico ni papel suelto, la exposicion del Exmo. Sr. D. Agustin de Iturbide, sin ir acompañada de los documentos que se han insertado á su continuacion.

NUMERO 11.

Decreto.

El soberano congreso constituyente mexicano, en sesion del dia de ayer, ha decretado lo siguiente:

1. Que siendo la coronacion de D. Agustin de Iturbide obar de la violencia y de la fuerza, y nula de derecho, no ha lugar á discutir sobre la abdicacion que hace de la corona.

2. De consiguiente, tambien declara nula la sucesion hereditaria y títulos emanados de la coronacion, y que todos los actos del gobierno pasado, desde el 19 de Mayo hasta 29 de Marzo último, son ilegales, quedando sujetos á que el actual los revise, para confirmarlos ó revocarlos.

3. El S. P. E. activará la pronta salida de D. Agustin de Iturbide del territorio de la nacion.

4. Aquella se verificará por uno de los puertos del golfo mexicano, fletándose por cuenta del Estado un buque neutral, que lo conduzca con su familia al lugar que le acomode.

5. Se asignan á D. Agustin de Iturbide, durante su vida, veinte y cinco mil pesos anuales, pagaderos en esta capital, con la condicion de que establezca su residencia en cualquiera punto de la Italia. Despues de su muerte gozará su familia de ocho mil pesos, bajo las reglas establecidas para las pensiones del montepío militar.

6. D. Agustin de Iturbide tendrá el tratamiento de Exxelencia.

Lo que tendrá entendido, etc. México, 8 de Abril de 1823.

NUMERO 12.

Decreto.

El soberano congreso constituyente mexicano, en atencion á estar declarado por el artículo primero del decreto de 8 del corriente, que D. Agustin de Iturbide no ha sido Emperador de México, ha decretado lo siguiente:

Que se tenga por traidor á quien proclame al expresado D. Agustin de Iturbide con vivas, ó influya de cualquiera otro modo á recomendarle como Emperador.

Lo tendrá entendido, etc. México, 16 de Abril de 1823.

NUMERO 13.

Carta al ministro Canning.

El amor á mi patria y la obligacion que contraje haciendo su independencia, me ponen en la necesidad de volver á ella y prescindir de mi propia conveniencia y gusto, que hago consistir en el pequeño círculo de mi familia.

Mi objeto es contribuir á la consolidacion de un gobierno, que haga feliz aquel país, digno de serlo, y que ocupe el rango que le corresponde entre las demás naciones. He sido llamado de diversos puntor repetidamente, y no puedo hacerme sordo por mas tiempo.

Voy, no á buscar un imperio que nada me lisonjea, ni quiero; estoy como un soldado, no á fomentar la discordia ni la guerra, sino á mediar entre los partidos opuestos y á procurar la paz.—Uno de mis primeros cuidados será fijar bases para establecer relaciones sólidas y de interés recíproco con la Gran Bretaña. Siempre opiné del mismo modo.

Habria manifestado á V. E. anticipadamente mi resolucion, pues es bastante conocido el modo de pensar de V. E. y su finísima penetracion; pero creí que podria comprometer en alguna manera la alta política de este gobierno.

Por la misma razon no me procuré el honor de ofrecer mis respetos personalmente á S. M. el rey de la Gran Bretaña, y aun ahora no puedo sino rogar á V. E. proceda como estime mas conveniente en este punto, recibiendo mi carta, como la exposicion del alto aprecio y afecto, con que se repite del Sr. Cannig.—*Agustin de Iturbide.*—Lóndres, 6 de Mayo de 1824.

NUMERO 14.

Señor Almirante.—Lóndres 6 de Mayo de 1824,—Soy llamado con mucho empeño por personas respetables de muchos lugares de México, que me honran con el concepto de que puedo contribuir muy eficazmente á reunir la opinion, y consolidar la independencia y libertad de aquel país. No puedo negarme á los clamores de una patria tan cara, y me he resuelto á dejar la tranquilidad del retiro, aunque estaba decidido á permanecer hasta el fin de mis dias.—Ya resuelto me impongo de nuevo la obligacion de procurar á mi cara patria, por todos medios, su seguridad y tranquilidad; es un obstáculo para ello el castillo de Ulúa y hé aquí el objeto satisfactorio de mi carta.—Al Lord Cochrane quiero que se deba una parte grande en la remocion de aquel escollo: sus talentos, su valor, su actividad y su decision en favor de la libertad de los pueblos, acreditada tantas veces, me hace esperar prestará gustoso sus auxilios importantes, tan pronto como pueda y apoyo esta esperanza tambien, en las ofertas generosas que se sirvió hacer á México de sus servicios, hallándome yo á la cabeza de la regencia de aquella nacion.—Me lisongeo de que la milicia y tripulacion seria bien recompensada de sus fatigas y el Lord Cochrane aumentaria con esta operecion sus glorias y la nacion mexicana las reconoceria con mucha gratitud.

Si Lord Cochrane se decidiese por la afirmativa, será útil anticipe un oficial de su confianza para acordar en México los puntos que estimare convenientes, pues ahora no puedo hablar sino con generalidad, y asegurarle que es un admirador justo de las virtudes reelevantes del Sr. Cochrane, con la mayor *consideracion y afecto.—Agustin de Iturbide.*

NUMERO 15.

Copia de una carta escrita de México, por el diputado D. Cárlos María Bustamante, á su amigo D. Manuel Basconcelos, preso en Perote, por amigo y subordinado del Sr. Iturbide (fusilado en Padilla), con fecha 23 de Abril de 1823.

Estimado paisano y amigo mio: no ha tres horas que recibí la de V., fecha 15 del corriente, en Huamantla, y por ella he visto la desgraciada parte que le ha cabido en la presente convulsion: las de esta naturaleza son semejantes á un torrente, que derramándose por una llanura, se lleva consigo á lobos y corderos. Haré cuanto penda de mi arbitrio, para que se mejore la triste situacion de V., sin asegurarle el buen éxito de mis diligencias, pues yo solo respondo de lo que pende de mí y no de agena mano: entiendo, sin embargo, que no será accequible su regreso á esta capital, por la delicadeza con que se tratan estos negocios, fermentó de pasiones y trascendencia de éstos á la clase mas numerosa, pero ménos entendida del Estado. Solo la luna del tiempo disipa estos obstáculos, y hace tardar mucho para que desaparezca el prestigio y memoria de un hombre tan célebre por sus empresas, como por el desenlace de la escena en que ha figurado: no obstante, repito que haré cuanto quepa en la estrecha órbita de mi posibilidad. V. tranquilícese, y crea que en el actual gobierno hay virtudes, y que jamás aparecerá criminal á sus ojos, si la desgracia de V. no tiene otro principio, que haberle sido fiel amigo al Sr. Iturbide.—Entiendo que estará en compañía de V. el P. Treviño, persona á quien amo con inclinacion y gratitud: ofrézcale V. mis respetos, asegurándole que jamás olvidaré, que en mi prision tuve en él y tuvo mi familia un tutelo: no me avergonzaré en decir que por él comí muchos dias, y que cuando todo el mundo me vió con desdén, él solo dió sobre mí miradas compasivas. Me honraré con ser el órgano de sus expresiones al congreso y de endulzarle el cáliz de su desgracia.—Consérvese V. tan bueno como desea su atento servidor que B. S. M.—*Cárlos María Bustamante*

NUMERO 16.

Circular á los amigos en Lóndres.

Miguel J. Quin, Mathew Fletcher, W. Jacob, etc.—Lóndres, 6 de Mayo de 1824.—Es probable, que luego que se tenga noticia de mi marcha se manifiesten diversas opiniones, y algunas con colores fuertes; quiero que V. sepa de un modo auténtico lo que hay de verdad.

Por una desgracia muy lamentable se hallan divididas las principales provincias de México: todas las de Guatemala, Nueva Galicia, Oajaca, Zacatecas, Querétaro y otras son buenos ejemplos de esta verdad.

Tal estado hace en extremo peligrosa la independencia del país: si la perdiese, muchos siglos pasarian en una esclavitud terrible.

He sido invitado por diversas partes, considerándome necesario para formar allí una opinion y consolidar el gobierno, no tengo la presuncion de creerme tal, pero sí estoy seguro de poder contribuir en gran manera á la amalgamacion de los intereses particulares de las provincias, y á calmar en parte las pasiones exaltadas, que preparan la anarquía mas desastrosa: con tal objeto voy sin otra ambicion por mi parte, que la gloria de hacer bien á mis semejantes, y desempeñar las obligaciones que contraje con mi patria al nacer, ya que dió grande extension al suceso de la independencia: cuando abdiqué la corona de México lo hice con gusto y mis sentimientos no varían.

Si logro dar á mi plan todo el lleno que deseo, muy pronto se verá consolidado el gobierno de México, se uniformará la opinion, y se dirigirán los pueblos á un punto.

Reconocerán todos los gravámenes, que por el estado actual pesarian solo sobre unos pocos, y las negociaciones de minas y comercio, tomarán el vigor y estabilidad de que ahora carecen: nada es seguro en la anarquía.

Creo que la nacion inglesa que sabe pensar, deducirá muy bien por los antecedentes el resultado político de México.

Concluyo con repetir á V. la recomendacion de mis hijos, en cuya separacion dolorosísima se encontrará una nueva prueba de los verdaderos sentimientos que animan el corazon de su muy amigo.—*Agustin de Iturbide.*

NUMERO 17.

Exposicion del general Iturbide á la república de Centro-América.

En fines de 822 me preparaba para pasar dentro de pocos meses á las provincias unidas de la América-Central, lisongéandome que mi visita personal les produciria ventajas de mucha importancia, porque esperaba recursos grandes, y ansiaba satisfacer mi espíritu lleno de gratitud, hácia un país á que tanto le debiera. Su pronta decision por el plan de Iguala, su espontánea union á México por mis insinuaciones, y sus manifestaciones cuando fuí proclamado emperador, fueron para mí testimonios tan interesantes, como serán firmes é indelebles.

La revolucion de Veracruz sostenida, y animada con mucho arte y empeño por el castillo de San Juan de Ulúa, dejaron sin efecto mis mas ardientes deseos. Debí abdicar ó faltar al sistema constitucional que me propuse desde Iguala, apareciendo como déspota, ó como débil; nome decidí por lo primero: no amaba la corona, ni queria sostenerla; pero ni aun en caso contrario la habria sostenido con sangre; así fué que aunque pude no quise; mas yo conocia muy claramente que los enemigos de la libertad de nuestro país minaban para destruirlo, y en mi persona encontraban pretexto para engañar á los partidarios de la democracia y otros: no podia yo hacerle servicio mas interesante, que quitarme del medio, para que viese claramente, dejándola sin guerra, y con un centro de union.

Finalmente, concebí que si de mi separacion de México resultaban males, no deberia imputárseme la culpa, porque no hacia mas que, á costa de sacrificios mios y de mi familia, dejar á la nacion mas expedita, para que probase y eligiera el gobierno que mas conveniente y grato le fuese.

No terminaron los efectos de la revolucion de

Veracruz en lo dicho: yo debia ocultar por mas tiempo mis sentimientos de aprecio, y de gratitud á las provincias unidas de la América Central: mis expresiones ántes de ahora habrian sido malamente interpretadas, y debia hacerme la cruel violencia de esperar mejor oportunidad, para expresarlas: llegó ya gracias al Todopoderoso, y tengo la dulce complacencia de indicarlas; sí, indicacion solo será pues no es dado á mi pluma presentar una manifestacion clara de aquellos afectos sublimes, que ocupan mi alma sensible.

He venido á México para sostener su independencia y libertad justa, para contrastar el espíritu de partido, restablecer la paz disipando la anarquía mas desastrosa; he venido, en fin, á contribuir por mi parte á la prosperidad y engrandecimiento de mi patria, pero vengo sin otro carácter que aquel con que formé el plan de su independencia, en el año de 21, y me lisongeo de que lograré igual éxito.

Los mismos enemigos que tiene el territorio que compuso el vireinato de México, tienen las provincias del reino de Guatemala; y mi disposicion para servir á esta, es igual á la que tengo en favor de aquel; con mi paso á Europa adquirí algunos conocimientos, y contraje relaciones que podré hacer valer en favor de mi patria (por tal reputo tambien á las provincias unidas de la América

Central): dinero en abundancia, armas y cuanto sea necesario para mantener la independencia y promover su prosperidad, tendrán unos y otros, consolidando el gobierno y uniformando la opinion, y yo tendré el placer de servirlas eficazmente, aprovechando las circunstancias, que en mi favor se presentan para el efecto.

Deseo que mis planes sean generalmente conocidos de los americanos, y por eso acompaño á ese soberano congreso...... ejemplares de las exposiciones que con fecha 13 de Febrero y...... remití al soberano congreso de México;...... del impreso que cito en la segunda, y...... de la exposicion que tambien remití á los congresos de los Estados, entendiendo vuestra soberanía, que lo mismo que digo á aquellos, digo á todos y á cada uno de los Estados que se formen de las provincias unidas de la América Central.—*Agustin de Iturbide*.

Decreto.

El soberano congreso general constituyente se ha servido decretar lo que sigue:

1. Se declara traidor y fuera de la ley á D. Agustin de Iturbide, siempre que bajo cualquier título se presente en algun punto de nuestro territorio. En este caso, queda por el mismo hecho declarado enemigo público del Estado.

2. Se declaran traidores á la federacion, y serán juzgados conforme á la ley de 27 de Setiembre de 823, cuantos cooperen por escritos encomiásticos ó de cualquiera otro modo, á favorecer su regreso á la República mexicana.

3. La misma declaracion se hace, respecto de cuantos de alguna manera protegieren las miras de cualquier invasor extranjero, los cuales serán juzgados con arreglo á la misma ley.

Lo tendrá entendido, etc. México, 28 de Abril de 1824.

NUMERO 19.

Carta despedida del general Iturbide á su hijo mayor.

Vamos á separarnos, hijo mio Agustin; pero no es fácil calcular el tiempo de nuestra ausencia: ¡ta¿

vez no volveremos á vernos! Esta consideracion traspasa el corazon mio, y casi aparece mayor mi pesar á la fuerza que debo oponerle, ciertamente me faltaria el poder para obrar ó el dolor me consumiria, si no acudiese á los auxilios divinos, únicos capaces de animarme en circunstancias tan esquisitas y tan críticas.—A tiempo mismo que mi espíritu es mas débil, conozco que la Providencia divina se complace en probarme con fuerza: sí, hijo mio, quisiera entregarme á meditaciones, y á cierto reposo, cuando los deberes me impelen y el amor me obliga á hablar, porque nunca necesitas mas de mis consejos y advertencias, que cuando no podrás oirme, y es preciso que te proporcione en pocos renglones, que leas frecuentemente, los recuerdos mas saludables y mas precisos, para que por tí mismo corrijas tus defectos y te dirijas sin extravío al bien. Mis consejos aquí serán mas que otra cosa, una indicacion que recuerde, lo que tantas veces y con la mayor eficacia te he dado.— Te hallas en la edad mas peligrosa, porque es la de las pasiones mas vivas, la de la irreflexion y de la mayor presuncion; en ella se cree que todo se puede: ármate con la constante lectura de buenos libros y con la mayor desconfianza de tus propias fuerzas y de tu juicio.—No pierdas jamas de vista cuál es el fin del hombre: estando firme en él, recordándolo frecuentemente, tu marcha será recta: nada te importe la crítica de los impíos y libertinos: compadécete de ellos y desprecia sus máximas, por lisongeras y brillantes que se te presenten.—Ocupa todo el tiempo en obras de moral cristiana y en tus estudios: así vivirás mas contento y mas sano, y te encontrarás en pocos años capaz de servir á la sociedad á que pertenezcas, á tu familia y á tí mismo. La virtud y el saber son bienes de valor inestimable, y nadie puede quitar al hombre; los demas valen poco, y se pierden con mayor facilidad que se adquieren.—Es probable que cada dia *seas mas observado*, por consiguiente, tus virtudes ó tus vicios, tus buenas calidades ó tus defectos, serán conocidos de muchos, y esta es otra razon auxiliar para conducirte en todo lo mejor posible.—Es preciso que vivas muy sobre tu génio: eres demasiado seco y aun adusto, estudia para hacerte afable, dulce, oficioso: procura servir á cuantos puedas: respeta á tus maestros y gentes de la casa en que vas á vivir, y con los de tu edad sé tambien comedido sin familiarizarte.

Procura tener por amigos á hombres virtuosos é instruidos, porque en su compañía siempre ganarás.—Ten una deferencia ciega, y observa muy eficaz y puntualmente las reglas y plan de instruccion que se te prescriban. Sin dificultad te persuadirás, que varones sábios y ejercitados en el modo de dirigir y enseñar á los jóvenes, sabrán mejor que tú lo que te conviene.—No creas que solo puede aprenderse aquello á que somos inclinados naturalmente: la inclinacion contribuye, es verdad, para la mayor felicidad; pero tambien lo es, que la razon persuade, y la voluntad obedece. Cuando el hombre conoce la ventaja que le ha de producir una obra y se decide á practicarla, con el estudio y el trabajo vence la repugnancia y destruye los obstáculos.—¿Qué te diré de tu madre y hermanos? Inumerables ocasiones te he repetido la obligacion que tienes de atenderlos, y sostenerlos en defecto mio. Dios nada hace por acaso; y si quiso que nacieses en tiempo oportuno para instruirte y ponerte en disposicion de serles útil, tú no debes desentenderte de tal obligacion, y debes por el contrario, ganar tiempo con la multiplicacion de tareas, á fin de ponerte en aptitud de desempeñar con lucimiento los deberes de un buen hijo y de un buen hermano. *Sí, al cerrar los ojos para siempre,* estoy persuadido de que tu madre y tus hermanos encontrarán en tí un buen apoyo, tendré el mayor consuelo de que es susceptible mi espíritu y mi corazon; pero si por desgracia fuere lo contrario, mi *muerte seria en extremo amarga,* y me borraria tal consideracion mucha parte de la tranquilidad de espíritu, que en aquellos momentos es tan importante, y tú debes desear y procurar á tu padre en cuanto de tí dependa.—En otra carta te diré las personas á quienes con tus hermanos te dejo especialmente recomendado, la manera con que debes conducirte con ellas, con otras instrucciones para tu gobierno; y concluiré esta, repitiéndote para que jamás lo olvides: que el *temor santo de Dios, buena instruccion y maneras corteses,* son las cualidades que harán tu *verdadera felicidad* y tu fortuna; para lograrlas: *buenos libros y compañías; mucha aplicacion y sumo cuidado.*—Adios, hijo mio, muy amado: el Todopoderoso te conceda los bienes que te deseo: y á mí el inesplicable contento de verte adornado de todas las luces y requisitos necesarios y convenientes para ser un buen hijo, un buen hermano, un *buen patriota,* y para desempeñar dignamente los cargos á que la Providencia divina te destine. Bury Street en Lóndres á 27 de Abril de 1824.—*Agustin de Iturbide.*

NUMERO 20.

Catástrofe de D. Agustin de Iturbide, aclamado Emperador de México, el 18 de Mayo del año de 1822 ó relacion exacta de las circunstancias que han acompañado el desembarco y la muerte de este hombre célebre.

El 14 de Julio de 1824, Iturbide llegó á la barra de Soto la Marina en el bergantin inglés Esprink, acompañado de su esposa, sus dos hijos menores, dos eclesiásticos, su sobrino D. José Ramon Malo, y el coronel polaco Cárlos Beneski. Inmediatamente envió á este á tierra para que se informase del estado de la nacion, y si podria ser útil su presencia en ella para reunir los diversos partidos, y preparar la defensa para el caso de que el gobierno español protegido por la Santa Alianza intentase, la reconquista. Al efecto llevó Beneski una catar de recomendacion del religioso Ignacio Treviño, confesor de Iturbide, para el brigadier D. Felipe de la Garza, comandante de armas del Estado de Tamaulipas á que pertenece el puerto de Soto la Marina.

Entregó Beneski esta carta á Garza, quien al momento escribió á Iturbide dándole el tratamiento de Magestad y suplicándole que viniese luego porque sin él se perdia seguramente la nacion por los diversos partidos que la devoraban, ofreciéndole su persona, todos sus recursos, el grande influjo que tenia en aquel Estado y la fuerza armada que estaba á sus órdenes. En vista de esta carta, saltó inmediatamente Iturbide á tierra, acompañado solamente de Beneski; se dirijió en busca de Garza y habiéndole encontrado en el paraje de los Arrollos, saludó á Garza con el tratamiento de amigo, y éste le correspondió con el de emperador. Iturbide lo instruyó, de que el objeto de su venida, no era otro, que el de manifestar al soberano congreso general de la nacion, los preparativos hostiles de la Santa Alianza (1) contra nuestra

---

(1) Parece que trae una carta original del duque de San Cárlos que le dirijió á Lóndres, proponiéndole á nombre de Fernando VII, el indulto y aun el vireinato de México, si se ponia á la cabeza de una expedicion para reconquistar la América septentrional.

independencia, la poca esperanza que habia de que la Inglaterra reconociese esta miéntras no se consolidase el gobierno, y la necesidad de que todos los mexicanos se reunieran estrechamente, olvidando partidos y resentimientos por los anteriores sucesos, y preparándose para una defensa vigorosa. Le dijo que si su espada y prestigio pudiera convenir para un fin tan importante, estaba pronto á servir de último soldado, y que en caso contrario se retiraria á los Estados-Unidos del Norte, porque tenia datos positivos para asegurar que peligraba su persona en cualquier punto de Europa. En conversacion caminaron los tres hasta el pueblo de Soto la Marina donde Garza dijo á Iturbide que convenia se alojase en una casa distinta de la suya, y que esperase allí con Beneski un poco de tiempo hasta que el mismo Garza viniese á verlo.

En efecto, estuvieron esperando los dos mas de una hora, y al cabo de ella se presentó un oficial del mismo Garza á intimarle que dentro de una hora seria pasado por las armas en cumplimiento del decreto de 8 de Abril, en que el soberano congreso lo declaraba fuera de la ley siempre que volviese al suelo mexicano. En seguida de esta intimacion hizo el oficial que lo desarmaran y le puso centinela de vista. Iturbide suplicó que viniera Garza á hablar con él, y consiguió que se suspendiera la ejecucion y se diese cuenta al congreso de Tamaulipas que estaba en la villa de Padilla, y que marchasen ambos para ella como lo verificaron, escoltados de sesenta hombres. A las tres leguas de camino mandó Garza que hiciese alto la tropa y formase un círculo, la dirijió la palabra haciéndola grandes elogios de Iturbide, y mandándole lo reconociese por su generalísimo, haciéndolo primero Garza y devolviéndole la espada. Luego le suplicó le volviese la carta que le habia escrito invitándole á que viniera, y Iturbide se desprendió de este documento porque acaso le pareció oportuno no manifestarle desconfianza.

Habiéndolo recogido Garza, pretestó negocio en Soto la Marina, y le dijo á Iturbide que continuase para Padilla á donde lo iria á alcanzar. Así lo hizo éste, y en todo el camino hasta el rio de Padilla, no observó movimiento alguno por donde poder sospechar la intriga de Garza. Hizo alto en el rio, que dista muy poco de la villa, y despachó á un oficial con una esposicion para el congreso en que le indicaba el inocente motivo de su vuelta á la nacion, y le suplicaba le permitiese entrar para instruirlo verbalmente de cosas muy importantes en beneficio de la misma nacion. Solo habia siete representantes en el congreso, porque los demás se habian fugado luego que supieron la arribada de Iturbide: cuatro de ellos fueron de opinion, que se le debia negar la entrada, y rehusar toda contestacion: el presidente presbítero D. Anastacio Gutierrez de Lara salvó su voto y pidió que se tuviera su persona por no existente en aquel acto. Cuando el oficial se instruyó de la respuesta del congreso, amenazó, que entraria por la fuerza, y cuando volvió á dar cuenta de su encargo á Iturbide, llegó tambien Garza, é impuesto de las contestaciones que habian ocurrido con el congreso, dijo á Iturbide, que convenia que entrase en calidad ó en aparato de arrestalo, y así se verificó. Garza se presentó en el congreso, y tuvo una larga conferencia con los diputados: la discusion fué acalorada, y duró hasta las tres de la tarde del 19 de Julio. Garza tomó parte en ella, y sostuvo que no estaba Iturbide en el caso de sufrir la pena que le imponia una ley que no habia podido infringir porque no pudo llegr á su noticia; el con greso llegó á vacilar, pero un diputado tomando por fundamento el dicho de Caifás (conviene que muera uno para que no perzcan todos), logró convencer á la asamblea, y con unanimidad de los seis vocales que habian quedado se decretó que Garza lo hiciese pasar por las rmas, en el término de tres horas, como se verificó

A las tres de la tarde de dia 19 de Julio, se le intimó la sentencia que oyó con mucha serenidad, y entregó una exposicion [opia núm. 1], que habia comenzado á escribir para el soberano congreso, desde que en Soto la Marina se le intimó el decreto de proscripcion. Solo tuvo tres horas de término para disponerse: el pueblo se mostró muy enternecido, y la oficialidad tuvo grande trabajo para contener á la tropa que trataba de libertarlo.

El mismo avisó al oficial de su guardia que ya era hora de caminar al suplicio; salió á la plaza, la recorrió con una pronta ojeada, se informó del lugar del suplicio, y caminaba para él; pero los dos soldados le detuvieron el paso para atarle los brazos; él dijo no necesitaba ir ligado, y sin mas réplica se dejo ligar y vendar, ofreciéndole á Dios este sacrificio de su obediencia. El sacerdote lo comenzó á exortar, y él respondia con la mayor entereza derramando su espíritu en expresiones de contricion, amor y confianza en Dios. Llegado al lugar del suplicio, produjo la arenga (núm. 2). Protestó que no era traidor á su patria; suplicó que no recayese esta nota sobre sus hijos; perdonó en alta voz á sus enemigos; entregó á su confesor el reloj y el rosario que traia al cuello para que se remitiese á su hijo el mayor, una carta que habia escrito bien larga y concertada para su esposa dándole instrucciones y consejos, y previno que se repartiesen entre los soldados que le iban á tirar ocho onzas de oro que traia en la bolsa; se incó de rodillas, rezó un credo y un acto de contricion, y murió de las balas que le dieron en la cabeza y le atravesaron el corazon.

Así acabó el memorable libertador de la América septentrional: su patria lo llora en silencio, y atribuyendo esta catástrofe al ódio é intrigas de los españoles, que tuvieron arbitrio para exaltar contra él á los amantes del gobierno republicano, se halla en el dia estrechamente unida contra los mismos españales, consolidando mas y mas su independencia, y no tardará mucho tiempo en dar un testimonio auténtico de que no ha sido ingrato al singular beneficio que debió al héroe inmortal que la elevó al rango de nacion soberana: que supo expatriarse y bajar del trono cuando creyó que así convenia para el bien de su patria; que volvió á ella con el loable fin de volverla á libertar, y que fué víctima de la ignorancia de seis diputados de un Estado corto é insignificante, y de la imprudencia de un general que ya ántes le habia sido traidor, y á quien no solo habia librado de la pena de muerte, sino que le dispensó su amistad, y se entregó en sus manos, persuadido de que aunque fuese solo por gratitud no le corresponderia con la perfidia que aparece de la antecedente relacion.

Copia núm. 1.

Con asombro he sabido que vuestra soberanía me ha proscripto y declarado fuera de la ley, circulando el decreto para los efectos consiguientes. Tal resolucion dictada por el cuerpo mas respetable de la patria en que la circunspeccion y la justicia deben formar su primer carácter, me hace recorrer cuidadosamente mi conducta para hallar el crímen atroz que dió motivo á dictar providencia tan cruel á los representantes de una nacion que han hecho alarde de ser ilimitada su clemencia y lenidad. Discurro si haber formado el plan de Iguala y el ejército trigarante que convirtieron á la patria repentinamente, de esclava, en señora, será el crímen. Si será el haber establecido el sistema constitucional en México, reuniendo violentamente un congreso que le diese leyes conforme á la voluntad y conveniencia de ella. Si el haber destruido dos veces los planes que se formaron para erigirme monarca desde el año de 1821. Si el haber admitido la corona, cuando yo no pude evitarlo, haciendo este gran sacrificio para librar á la patria, como en efecto la libré entónces de la anarquía. Si será, por no haber dado empleos á mis deudos mas inmediatos, ni aumentado su fortuna. Si será, porque conservando la representacion nacional en la junta instituyente, reformé un congreso que en nueve meses, no hizo cosa alguna de constitucion, de ejército ni hacienda, y que voluntaria ó involuntariamente, nos arrastraba con todas sus providencias á la anarquía y al yugo español; porque corté los pasos al congreso que en el mismo dia que se instaló y juró mantener separados los tres poderes de la nacion, se los abrogó todos, y se separó de los términos de los poderes que habia recibido, quebrantando sus solemnes juramentos; un congreso, en fin, que habia desmerecido la confianza pública, como lo manifestó toda la nacion despues de mi salida, privándolo de los poderes que ántes le habia dado para constituirla. Si será, porque restablecí este mismo congreso, para librar otra vez á la patria de la anarquía, dejando á mi salida un centro de union, estando seguro de que este cuerpo haria cuanto pudiese en mi contra, porque en él reinaba, siento decirlo, el espíritu de partido, la inmoralidad y las ideas miserables. Si será, porque apénas se indicó por dos ó tres diputaciones providenciales y una parte del ejército, que la nacion deseaba un nuevo gobierno, abdiqué gustoso la corona que se me habia obligado á admitir.

Si será porque me entregué ciego á los que ya me habian faltado como gefe supremo de la nacion, y puse mi existencia en manos de aquellos que por todos medios, sin exceptuar los mas bajos y miserables, habian procurado destruirla, pareciéndome todo preferible á que se vertiera una sola gota de sangre americana en mi defensa. Si será porque á costa de sacrificios mios, de mi familia y amigos evité los choques intestinos que habrian dado grandes ventajas á la faccion española, ompeñada entónces como ahora en dividirnos, para poner la pesada cadena en las cervices americanas. Si será porque dejé á mi honrado, virtuosísimo y venerable padre en escasez, y yo partí con la misma con ocho hijos y mi mujer, con mucha probabilidad de mendigar mi subsistencia, á dos mil leguas de mi patria. Si será porque habiendo estado en mi mano, no tomé de los fondos de la nacion, lo que ella misma me habia asignado; porque en las escaseces quise que fueran pagados de preferencia á las necesidades de mi estado, los sueldos y las dietas de aquellos que fingian creerme lleno de tesoros, y lo aseguraban así sin pudor á la faz de la nacion, que poco ántes ó despues habia de conocer la verdad. Si será porque con riesgo de todas clases me sobrepuse á la amenazas de la Santa-Liga para ponerme en disposicion de volver á servir á mi patria cuando se preparaba contra ella. Si será porque hice exposicion de mi buena voluntad al mismo congreso soberano, no habiendo escrito ni una sola palabra á mis deudos ni á mis amigos que les diese la menor esperanza de mi vuelta á este país, para que esta no sirviese de ocasion ni aun remota para disenciones interiores.

Si será, porque á este soberano congreso, le manifesté francamente mis deseos, por el bien de la nacion, y que en manera alguna me contemplaba ofendido por ella. Si será porque he escuchado filosóficamente las calumnias mayores, y perdonado á mis enemigos, ya sean de voluntad, ya por equivocaciones erróneas. Si será, porque ofrecí traer armas, dinero y cuanto se necesitase, y protesté cordialmente que contribuiria gustoso á sostener el gobierno que á la nacion fuera grato. No encuentro, señores, despues de tan escrupuloso examen, cuál ó cuáles sean los crímenes por qué el soberano congreso me ha condenado. Yo quisiera saberlo, para destruir el error, pues estoy seguro, que mis ideas son rectísimas, y que los resortes de mi corazon son la felicidad de mi patria, el amor á la gloria sublime y desinterés de cuanto en algun modo pueda llamarse material.

Señores, las naciones cultas y el mundo entero

se horrorizará, y mas aun la historia, por la ful-
minacion de que hablo, y suplico á vuestra soberanía que por su propio honor, y aun mas el de
la gran nacion quo representa, lea de nuevo, exa-
mine punto por punto la exposicion que le dirijí
desde Lóndres, el 18 de Febrero, y la del 14 del
corriente, para que sus deliberaciones sean dictadas con el tino que exigen las circunstancias del
momento; y ruego á todos y á cada uno de los señores diputados, que entren dentro de sí mismos,
que examinen imparcialmente el asunto, y que re-
suelvan en él, como si hubiesen de ser juez único
y único gobernador, por lo que mi conducta ofrece
y por lo que sugieran los espíritus inmorales y
pusilánimes, que siempre piensan de los demás lo
peor, y se asustan de su propia sombra. Tambien,
suplico al soberano congreso, que considere cuanto puedo influir al bien de la patria, contribuyendo
á cortar sus disenciones y á unir el espíritu público, cuya fuerza, es la única, que nos ha de salvar del gran peligro que nos amenaza.

No hay que dudar, que la Francia, sin esfuerzo,
introdujo en España 140,000 hombres, y derramó
tesoros por solo destruir el sistema constitucional;
¿qué no hará esta misma nacion, unida con las poderosas de la Santa Alianza, para destruir las nuevas repúblicas, y volverlas en colonias á sus antiguos señores, y para sostener la legitimidad en

que son tan interesadas las antiguas dinastías? Recuerde vuestra soberanía, que las córtes de España, arrogantes y sin prevision, no cuidaron de hacer dentro de su casa, lo que debian, y esperaban sin prudencia, auxilios extranjeros que no recibieron: el éxito es sabido, é igual suerte tendrá México, si los que le deben salvar siguiesen el mismo camino. Suplico por último, á vuestra soberanía, que no me considere como un enemigo, sino como el amante mas verdadero de la patria, y que viene para servirla con especialidad en el punto mas interesante de la conciliacion de opiniones, porque el amor de los mexicanos, comparado con los que pudieran llamarse enemigos, están en razon de 97 á 3.

Por todas esta razones, he venido con violencia y descubiertamente y sin preparativos hostiles, y me dirijo en todo por el camino mas recto; y tambien porque si mi sangre habia de hacer fructificar los árboles de la paz y de la libertad, con tanto gusto y tan gloriosamente la ofreceria como víctima en un cadalso, como la vertiria en el campo del honor, mezclándola sin confundirla con la de los enemigos de la nacion. La ruina de mi patria y su deshonra, aun momentánea, son las dos cosas á que tengo jurado no sobrevivir.......

En este estado de mi exposicion, se me presenta le ayudante D. Gordiano Castillo, y me intima, cuando ménos lo esperaba, en nombre del general ciudadano Felipe de la Garza la pena de muerte, para ejecutarse á las seis de la tarde y eran las dos y cuarto. ¡Santo Dios! ¿cómo podria pintar los sentimientos que se agolparon sobre mi espíritu? Yo veia perecer á mi patria por la division interior y á manos del gobierno español su enemigo irreconciliable: veia que manos americanas decretaron mi sentencia, y manos americanas la iban á ejecutar: que se me aplicaba una pena, de que no tenia ni podia tener noticia, porque fué fulminada en Abril, y mi salida de Lóndres se verificó el 4 de Mayo, y de la isla de Wight el 11, y no he tocado en puerto alguno hasta mi llegada á la barra de Soto la Marina; veia ejecutar esta pena sin oirme, y lo que es mas sin darme el tiempo necesario para disponerme como cristiano; veia seis hijos tiernos en un país extranjero, y en el que no es dominante la religion santa que profesamos, otros dos de cuatro años y de diez y siete meses á bordo del bergantin con su infeliz madre, que lleva en el vientre otro inocente; veia...... mas para qué perder tiempo con relaciones tiernas. Sigo á lo esencial de mi narracion.

No pedí por la conservacion de la vida que ofrecí tantas veces á mi patria, y he expuesto muchas por librarla de sus enemigos, mi súplica se redujo á que se me concediesen tres dias para disponer mi conciencia, que por desgracia no es tan libre en mi vida privada, como en la pública; á que se me permitiese escribir algunas instrucciones á mi mujer é hijos, y á que se salvase de pena tan cruel á mi amigo Cárlos Beneski, mas inocente, si puede ser, que yo, y que por amistad y seguro de la rectitud de mis intenciones volvió á servir á esta patria mia, que le condena....... El general Garza no pudiendo dudar de la justicia de mis exposiciones, de que me presenté de buena fe, sin un hombre, un fusil, ni la menor señal de hostilidad, en la parte de la República en que ménos amigos tenia, y decidido á obedecer las resoluciones del soberano congreso general, ya fuese admitiendo mis servicios, ya disponiendo mi salida del territorio de la República, y á no volver mas á él, suspendió la ejecucion de la pena, y salió en la tarde del 17, dirigiéndome con una escolta al honorable congreso de Tamaulipas, en Padilla, en donde quedaré sepultado dentro de tres horas, para perpetua memoria.

Padilla, Julio 19, á las tres de la tarde.—*Agustin de Iturbide.*

Copia núm. 2.

Méxicanos: en el acto mismo de mi muerte, os recomiendo el amor á la patria y observancia de nuesta santa religion: ella es quien os ha de conducir á la gloria. Muero por haber venido á ayudaros; y muero gustoso, porque muero entre vosotros: muero con honor, no como traidor: no quedará á mis hijos y su posteridad esta mancha; no soy traidor, no. Guardad subordinacion, y prestad obediencia á vuestros gefes, que haciendo lo que ellos mandan, es cumplir con Dios: no digo esto lleno de vanidad, porque estoy muy distante de tenerla.

NUMERO 21

Manifiesto del Sr. Iturbide á los mexicanos, que se halló entre los papeles que traia á bordo.

Méxicanos: al llegar á vuestras playas, despues de saludaros con el mas vivo afecto y cordialidad, mi primer deber es instruiros [de los motivos por qué he vuelto de la Italia, como vengo, y con qué objeto, espero que os presteis dóciles á mi voz, y que dareis á mis palabras el ascenso que merece el que en todas ocasiones *fué veraz*. La experiencia, os ha enseñado por una série de acontecimientos tan esquisitos, como claros y sabidos, que siempre precedió la meditacion á mis operaciones de pública trascendencia, que estas tuvieron constantemente por móvil la verdadera felicidad de la patria, y por regla la prudencia y la justicia.

Os haria agravio notorio, si tratase de persuadirnos que la España está protegida por la Santa Alianza, y que no se conformó, ni se conformará con la pérdida de la joya mas preciosa que pudiera apetecer; no podeis con todo, estar al alcance de los innumerables resortes que se mueven, á la distancia y dentro de nuestro propio suelo, para volver á dominarlo; mas yo que con mi visita á la Europa, me ví, en estado de saber mucho y conocer mas sobre este punto, quedé muy seguro de vuestra inminente ruina, la que jamás podria sérme indiferente; y hé aquí, mexicanos, los motivos porque vuelvo á visitaros desde regiones tan remotas, venciendo los obstáculos, y eludiendo las tramas que la misma Santa Liga me formaba para impedirlo.

Vengo, no como emperador, sino como un soldado, y como un mexicano, mas aun por los sentimientos de su corazon, que por los comunes de la cuna: vengo, como el primer interesado en la consolidacion de nuestra independencia y justa libertad: vengo, atraido del reconocimento que debo al afecto de la nacion en general, y sin memoria alguna de las calumnias atroces, con que quieren denigrar mi nombre mis enemigos, ó enemigos de la patria.

El objeto es *solamente* contribuir con mis palabras y espada á sostener la independencia y libertad mexicana, ó á no sobrevivir á la nueva y mas ominosa exclavitud, que con empeño le procuran naciones poderosas, á quienes sirven de instrumento hijos desnaturalizados, y muchos ingratos españoles.

Pretendo así mismo *mediar* en las diferencias que existen entre vosotros, y que os arrastrarian por sí solas á la ruina: restablecer el inestimable bien de la paz, sostener el gobierno que sea mas conforme á la voluntad nacional, sin restriccion alguna, y concurrir con vosotros á promover eficazmente la prosperidad de nuestra comun patria. Mexicanos, muy en breve os dirigirá nuevamente la palabra vuestro amigo mas *sincero* y afecto.— *Agustin de Iturbide.*—A bordo del bergantin Spring, Junio de 1824.

NUMERO 22.

Carta que el Sr. Iturbide dirigió á bordo á su favorecedor en Lóndres Mateo Fletcher.

"A bordo del bergantin Spring, frente á la barra de Santander, 15 de Julio de 1824.

Mi apreciable amigo: hoy voy á tierra acompañado solo de *Beneski* á tener *una conferencia* con el general que manda esta provincia, esperando que sus disposiciones sean favorables á mí, en virtud de que las tiene muy buenas en beneficio de mi patria. Sin embargo, indican no estar la opinion en el punto en que me figuraba, y no será dificil que se *presente grande oposision y aun ocurran desgracias*. Si entre estas ocurriese mi fallecimiento, mi mujer entrará con V. en contestacion, sorbe nuestras cuentas y negocios pendientes; mas yo entretanto no puedo prescindir, de renovar para este caso los encargos á V. con respecto á mis hijos, á quienes ruego preste los mismos auxilios, por nuestra amistad á su beneficio, cuidando especialmente de que se conserven siempre en la religion de su padre. No puedo decir mas, sino que es de V. su afectísimo amigo Q. S. M. B.—*Agustin de Iturbide.*—S.r D. Mateo Fletcher.—Lóndres.

NUMERO -3.

Relacion circunstanciada que dá el general ciudadano Felipe de la Garza del desembarco y muerte de D. Agustin de Iturbide, al ministro de la guerra.

Exmo. Sr.—Deseando satisfacer las miras de S. A. S., comunicadas por el ministerio de V. E., en órdenes de 27 y 28 de Julio, con relacion á que informe los pasos, miras y palabras de D. Agustin de Iturbide, desde su desembarco hasta su muerte, entraré en los pormenores, con la exactitud que se me encarga.

En carta de 17 de Julio, núm. 192, dije á V. E. el modo y extratagema con que se me presentó el extranjero Cárlos Beneski, y que restituido á bordo con licencia, para el desembarco de su compañero inglés, volvió á las cinco de la tarde del dia 15, en el bote de su barco, dirigiéndose á la pescaderia, situada á una legua rio arriba, sin tocar en el destacamento de la barra, ignorando acaso que allí hubiera vigilancia. Saltó en tierra Beneski, dejando el bote retirad,o con toda la gente de mar, y su compañero acostado, envuelto de cabeza y cara, cubierto con un capote: pidió un mozo, y dos caballos ensillados, para venir á la villa con un compañero, y miéntras se le dieron permaneció en el bote, en la misma disposicion.

A las seis de la tarde, montó con el mozo, que tambien era soldado nacional, arrimó el caballo á la orilla, y tomando los del bote en brazos al compañero, lo pusieron en tierra: dejó el capote y montó á caballo con agilidad, no conocida en los ingleses. El cabo Jorge Espino, encargado de aquel punto, preparaba un correo que despachó á poco rato con el parte de lo ocurrido, dando órdenes de que en la noche adelantaran á los pasajeros. Poco despues, hablando con el teniente coronel retirado

D. Juan Manuel de Azunzolo y Alcalde, le dijo éste, que el disfrazado se parecia en el cuerpo á Iturbide. El cabo en el acto hizo montar tres soldados, dándoles órden de alcanzar á los pasajeros, y acompañarles ante mi presencia. A las cuatro de la mañana les dieron el alcance, en el rancho de los *Arroyos,* donde los pasajeros dormian al raso, á las siete leguas de la jornada: el tropel interrumpió su sueño, y pronto fueron informados del negocio que traian. Beneski resistia el acompañamiento, tanto como lo exigian los soldados: propúsoles que escribirian una carta para que uno la trajese, y se quedasen dos con ellos hasta recibir mi contestacion: aceptaron dos, y escrita la carta, partió uno con ella: era bien tarde, y aun permanecia acostado el compañero, cubierto, sin hablar palabra.

A las diez del dia se presentaron los correos con poca ventaja, y en seguida marché con dos oficiales y los soldados que pudieron juntarse. Como á las cuatro y media llegué al citado rancho de *los Arroyos,* é informado de los soldados dónde estaban los pasajeros, entré en el jacal, y descubriendo á Iturbide me dirijí á él diciéndole: ¿Qué es esto? ¿qué anda vd. haciendo por aquí? A lo que contestó...... Aquí me tiene vd., vengo de Lóndres con mi mujer y dos hijos menores, para ofrecer de nuevo mis servicios á la patria....... ¿Qué servicios?

(le dije), si está vd. proscrito y fuera de la ley, por el soberano congreso de México...... Contestóme: no sé cuál sea la causa; mas estoy resuelto á sufrir en mi país, la suerte que se me prepare. Volviendo luego á Beneski, le reclamé el engaño que me habia hecho, quien contestó que era militar, y que aquellas órdenes habia recibido; Iturbide repuso, que él lo habia mandado así, por tener el gusto de presentarse ántes de ser visto; pues amigo: [le dije,] esa órden ha comprometido á vd: contestó...... *no puede remediarse.* En seguida, le pedí los papeles que trajese, de que me hizo entrega, siendo los mismos que acompañé á V. E., en la citada carta del 17, y un pliego cerrado para el honorable congreso del Estado, que remití en la misma forma: saludó luego á los oficiales que me acompañaban: dijo, que habia querido venir á esta provincia, porque era justamente la que ménos le queria, deseando evitar que un grito de cualquier zángano comprometiese la quietud y su existencia. Pregunté á Iturbide, qué gente traia en el barco, qué armas ó municiones, á que contestó, que su mujer embarazada, dos niños, porque los otros seis quedaban en Lóndres, sus dos capellanes, y un sobrino que llevó de México: dos *extranjeros impresores,* dos criadas, y dos criados, que era todo su acompañamiento, además del capellan y tres marineros, sin otro armamento, que cuatro cañones, y sus correspondientes municiones propias del barco. Se mandó ensillar, sirviéndose el chocolate á Iturbide, quien dijo que era el primero que habia tomado despues de su salida de México: se habló en seguida de los partes que se me habian dado de la costa, á que contestó Iturbide, que él no se habia disfrazado, que estuvo acostado por el maréo continuo de los viajes, y que los pañuelos, se los amarró por los mosquitos.

Con el mismo vestuario de levita y pantalon negro, tomó la silla ligero á pesar de ser muy mala, llevando muy bien el caballo, que no era mejor, y hablando con referencia al campo; dijo, que era muy apreciable el suelo natal. Despues de algunas horas me preguntó la suerte que deberia correr, y contestándole que la de muerte conforme á la ley, dijo...... no lo sentiré...... si llevo el consuelo de que la nacion se prepare y ponga en defensa: que estaba bien instruido de las tramas que se urdian en los gabinetes de Europa, para restablecer su dominacion colonial. Dijo además, que tenia documentos con que acreditar que á él mismo le habian querido hacer instrumento de sus miras, y que perdida la esperanza, le persiguieron de muerte, obligándole á salir de Liorna, con inmensos trabajos y peligros. La noche é incomodidades del camino, cortó la conversacion hasta llegar á la villa donde se le puso en prision con el compañero bajo la responsabilidad de un oficial con quince hombres. Sirvióse la cena, en la que distinguió los frijoles, y un catre de guardia; que despues se le puso. *Beneski* repugnaba ocupar una mesa desnuda, é Iturbide le dijo...... *nunca es malo lo que el tiempo ofrece.*

El 17 despertó algo tarde, sin duda por haber escrito parte de la noche, y á las diez se le mandó disponer, para morir á las tres de la tarde; púsose en pié, oyó con serenidad y dijo...... *Ya consegieron los españoles sus deseos*: contestó luego...... *diga vd. que obedezco; pero que se me haga la gracia de que venga mi capellan que está á bordo*. Siguió escribiendo, y cuando volvió el ayudante con la negativa, entregó en borrador, una exposicion para el soberano congreso, rogándole la pusiese en sus manos, y que se le permitiese hablar conmigo. Esto le fué negado: pidió en seguida un sacerdote, y que se le diesen tres dias para disponerse como cristiano. Algo inclinado, me ocurrió tambien, que en este tiempo, podia presentarlo al honorable congreso del Estado, y salvar la duda de si se hallaba en el caso de la ley, aunque no la supiese; me decidí por esto, avisándole que se suspendia la ejecucion, y dí la órden de marchar á las tres de la tarde. Poco despues me mandó la carta que incluyo, informándome en ella, que me habia llamado para hablarme con respecto á su familia, y no comprometerme en manera alguna; suplicándome además, que se le dijese á qué congreso lo iba á mandar, y que se le devolviese el borrador de su tercera exposicion. Devólviosele este; diciéndole que iba al congreso de Padilla, y sobre la marcha tendria lugar el encargo de su familia.

Llegada la hora, se le presentaron caballos, regularmente aderezados: montaron, encargando una pequeña maleta, y un capote, y marcharon á la vanguardia con la misma custodia. Iturbido, saludó con la mano á la tropa, y al pueblo reunido en la plaza. En seguida, salí yo con el resto de la tropa hasta cuarenta hombres, y un religioso, que dispuse me acompañase. Sobre la marcha, me encargó, que viera con caridad á su familia, mas desgraciada que él: yo le ofrecí, cuanto estuviera de mi parte, hacer en su beneficio, y él repuso, que de Dios tendria el premio. Añadió, que sentia seis hijos que dejaba en Lóndres, con asistencia solo para seis meses, de que iban vencidos dos; que si quedaran en su patria, hallarian hospitalidad, ó algun terreno que trabajar para vivir: que habia salido de Lóndres, por amor de su patria y por necesidad, pues no le quedaba mas dinero ni alhajas de él y de su mujer, que una docena de cubiertos. Continuó hablando de los trabajos de Italia, para sustraerse de la liga, las dificultades que despues tuvo para que saliera la familia, y concluyó afirmando, que el interés de las Américas, no era de España solamente, sino comun á la Europa, así por la riqueza, como por afirmar sus tronos amenazados de la liberted americana.

Le pregunté, qué datos tenia de la invasion europea contra la América, y dijo, que á bordo en sus papeles los habia positivos: que eran públicos los alistamientos, y las armadas navales de Francia y España: que la proteccion inglesa era nula, ni podia creerse, que el gobierno de aquella nacion quisiese nuestros progresos, en la industria y en las artes, con menoscabo de los suyos.

Tocamos en el paraje del *Capadero*, donde se hizo alto, y pasó la noche: la guardia con los presos, se situó como á cincuenta varas del campo, é Iturbide llamó al religioso, para hablar de conciencia. A las cuatro de la mañana del dia 18, tomé la marcha; á las seis, se hizo alto en la hacienda de *Palo Alto*. La guardia con Iturbide desmontó en la caballeriza, concurrió á misa devotamente, se desayunó despues, y marchamos en seguida. Era necesario [asegurarse de la verdadera inteligencia del pronóstico, para no despreciar lo que tuviese de [cierto, y desde aquí me propuse instruir de otro modo.

En el paraje llamado de los *Muchachitos* donde sesteé hice formar la partida: díjela que los pasos y palabras de aquel hombre, me parecian de buena fe, y que no seria capaz de alterar nuestro sosiego: que la ley de proscripcion, necesitaba en mi concepto, aclararse por el poder legislativo: que entre tanto, no le trataria como reo; ni necesitaba, ni mas guardia, ni mas fiscal de sus operaciones, que ellos mismos: que iba á ponerlo en libertad al frente de ellos, para que así, se presentase en Padilla, á disposicion del honorable congreso, cuya resolucion debia ser puntualmente ejecutada: hice llamar á los presos, y les manifesté la que habia tomado: diéronme las gracias tan sorprendidos, que Iturbide ofreciendo su entera obediencia á las autoridades, poco mas dijo, concluyendo con que no podia hablar. Preguntó luego, si se le obedeceria, porque él no estaba hecho á mandar soldados que no lo hiciesen así: dijeron todos que sí, y yo repuse: "como ustedes no falten á mis órdenes, no tendrán comprometimiento."

Retiróse la tropa: incorporé la guardia, y se dispuso la marcha de Iturbide con la tropa á Padilla, y yo marché acompañado de dos soldados con direccion á la Marina: montamos y nos despedimos para vernos pronto; mas Iturbide no sabia adónde. Parecerá á V. E. la traza demasiado aventurada, mas el éxito se afianzaba en órdenes reservadas, en la confianza de los oficiales y tropa, y en mi vigilancia. El nuevo caudillo forzó la marcha el resto del dia, y la noche mas de quince leguas; pere no varió de lenguaje: trató de intrigas cerca de los supremos poderes, y qué convendria variasen la residencia de México; solo se advirtió que hablaba en el concepto de volver pronto á Soto la Marina, sin considerar la resolucion del honorable congreso del Estado, que poco ántes habia protestado obedecer. Durante la noche habló con su compañero, y como á las ocho de la mañana cerca de Padilla ofició al congreso suscrito *comandante general del Estado*. La honorable asamblea compuesta en su mayoría de enemigos mios, titubeaba; mas no faltando quienes asegurasen mi conducta con su misma vida, se resolvió la contestacion negando á Iturbide la entrada, y haciéndoseme el honor que no podia esperar, estuve á tiempo que la recibia, y por su contenido vine en conocimiento de lo que habia dicho. Mandé luego un oficial que pidiese el pase de palabra: dije á la tropa que aquel hombre no era digno de confianza: lo restituí á la prision conforme estaba, y entré en la villa. Iturbide fué conducido por la guardia á una estancia del cuartel, y la tropa se alojó en otra parte.

Los diputados y el pueblo reunidos en mi posada se informaron del caso, quedando tan satisfechos, que volvian risa los temores pasados. Poco despues se abrió la sesion, en la que me presenté á ofrecer mis respetos, asegurando que podian obrar cou la confianza de que serian puntualisímamente obedécidas sus órdenes. Diéronme pruebas verdaderamente satisfactorias, y tambien se me dió asiento. Durante la sesion se me pidieron informes que satisfice: en otras veces se me mandó hablar; hícelo en favor de la víctima, y me retiré. A las tres de la tarde se me entregó la declaracion del honorable congreso, conforme á la ley, autorizándome para que dispusiese el castigo, cuando me pareciera conveniente: en el acto dí la órden para que se verificara á las seis de la misma tarde.

Iturbide habia ocurrido al congreso, pidiendo que se le oyese, y la honorable asamblea decretó que pasase á mí la instancia, para que conforme á la facultad que se me habia concedido, diese ó no la audiencia que se pedia. Ya estaba impuesto de cuanto él queria decir, y no me pareció conveniente aventurar el paso mas tiempo. Ocurrió segunda vez á la misma autoridad de palabra por conducto del capellan auxiliar presidente de la misma asamblea, Br. D. José Antonio Gutierrez de Lara, y contestándosele lo mismo, se conformó. Llegada la hora formó en la plaza la tropa cerca del suplicio, y al sacarle la guardia dijo...... *"A ver muchachos, daré al mundo la última vista."* Volteó á todos lados, preguntó dónde era el suplicio, y satisfecho, él mismo se vendó los ojos: pidió un vaso de agua que probó solamente, y al atarle los brazos dijo que no era necesario; pero instado por el ayudante se prestó luego diciendo bien...... bien...... su marcha de mas de ochenta pasos y su voz, fueron con la mayor entereza.

Llegado al suplicio, se dirijió al pueblo comenzando...... *¡Mexicanos!* Se redujo á exhorta, que siempre unidos y obedientes á sus leyes y autoridades, se librasen de segunda esclavitud, resistiendo con vigor, el pronto ataque que se preparaba por la Santa Liga, contra la que él venia como un símple soldado, para sostener el gobierno republicano, que se habia jurado. Concluyó, asegurando que no era traidor á su patria, pidiendo no recayese en su familia, esta falsa nota: besó el Santo Cristo, y murió al rumor de la descarga. Su voz fué siempre entera, y tanto y tan fuerte, que se oyó en el ángulo de la plaza.

El sentimiento fué general, manifestándolo los semblantes, y durante la noche. Su cuerpo despues de algunas horas, se puso en un atahud, y se condujo á la estancia donde habia estado, la misma que sirve de capilla para celebrar, y de sala de sesiones al honorable congreso. Se le vistió con el hábito de San Francisco, y se puso sobre una mesa con cuatro velas de cera, bajo el cuidado de la misma guardia.

La mañana del 20, se convidó para la misa y entierro, al que asistieron los individuos del congreso, lo mas del pueblo, y la tropa. Concluida la misa y vigilia, se acompañó el cuerpo, haciéndole cuatro posas en la plaza, á la Iglesia vieja sin tejado, donde se le dió sepultura como á las ocho del dia. Estos honores fueron pagados por mí. Retiróse la guardia, que lo habia ejecutado, y fué gratificada con tres onzas y media en escudos de á real, que el difunto habia entregado al ayudante con este fin.

Cuanto dejo expuesto, es lo que puedo informar á V. E. con la integridad que me es propia, y como testigo presencial. Por lo respectivo á la exhortacion que no pude oir con exactitud, refiérome á los mejores informes, y al que acompaño original del Sr. Gutierrez de Lara, que lo auxilió.

De mi parte, ruego á V. E., manifieste á S. A. S. la sanidad de mis intenciones respecto á mi conducta; y si por desgracia el juicio que su S. A. formare, fuere contrario, tendré el gusto de purificarla con documentos irrecusables, que obran en mi poder.—Dios, etc.

Soto la Marina, 13 de Agosto de 1826.—*Felipe de la Garza.*—Exmo. señor ministro de la guerra."

Contestacion del ministro de la guerra, extrañaudo la morosidad de Garza para la decapitacion de Iturbide, y ofreciéndole la primera vacante de general de brigada.

"Aunque el supremo poder ejecutivo ha visto con mucha satisfaccion por los partes de V. S. de 17 y 19 del corriente, en que me avisa el desembarco y muerte de D. Agustin de Iturbide, el grande servicio que V. S. ha hecho á la nacion, preservándola de una guerra civil, por un solo acto decisivo, por lo cual ha merecido la gratitud de todos los patriotas mexicanos; ha reparado sin embargo la irresolucion en que lo puso algunos momentos, sobre el cumplimiento de la ley, la falsa sumision con que el referido Iturbide se presentó á cometer el designio mas desastroso para nuestra patria, reputando por dureza una ley tan saludable y preservativa del soberano congreso, que manifiesta la sabiduría y prevision con que trató de evitar la ruina de la nacion."

"Así mismo me manda S. A. S., que á su nombre dé á V. S. las debidas gracias, y le manifieste que será ascendido á general de brigada efectivo, en el momento que haya una vacante, que ahora falta, por estar completo el número de esta clase, que designa la ley: y en cumplimiento de dicha superior órden, lo comunico á V. S. para su inteligencia y satisfaccion.—Dios y libertad.—México, 28 de Julio de 1824.—*Terán.*"

NUMERO 25.

Replica Garza al ministro, se ofrece á responder en juicio, y rehusa admitir la oferta.

"Al reconocer la órden de 28 de Julio próximo pasado, en que V. E. se sirve darme las gracias, ofreciéndome la alta consideracion de S. A. S. para el grado inmediato, por la ejecucion de D. Agustin de Iturbide, el 19 del pasado, advierto con dolor que se me culpa de poca resolucion para ejecutarlo en los primeros momentos de haberse presentado. No está á mi alcance ciertamente manifestar á V. E. los remordimientos que pasaban en mi conciencia al cumplir la ley, hasta salvar el paso con la declaracion del honorable congreso del Estado. Por otra parte, obraban vivamente en mi alma la sensibilidad y la gratitud, hácia un hombre que parese reclamaba aquella consideracion con que á mí me trató en otro tiempo. Hallábanse tambien á su favor razones poderosas, que encontrará V. E. en sus escritos, en sus pasos y palabras hasta el suplicio. Una reunion de circunstancias me interesaron, y en mi concepto habria pecado de ingrato si no las hubiese manifestado al cuerpo legislativo, sin que por eso se dudase un momento de mi sana intencion y deferencia de las leyes. Así se declaró en sesion del 20, honrándoseme además con el apreciable título de *benémerito del Estado*. Pero si no bastase esta sencilla exposicion, para satisfacer á S. A. S., me presentaré gustoso á responder en juicio que purifique mi conducta.

"Me falta únicamente rogar á V. E., manifieste á S. A. S. de mi parte, el mas constante agradecimiento, por la oferta del grado que se me ha ce; protestando desde ahora, no admitirlo, por superior á mis servicios, incompatible con mis luces, y perjudicial á mi propia comodidad é intereses.

Dios y libertad. Soto la Marina, 8 de Agosto de 1824.—Exmo. señor.—*Felipe de la Garza.*—Exmo. señor secretario de guerra y marina.

Extracto de una carta del hijo primogénito del Sr. Iturbide, al gobierno supremo de la federacion.

Por conductos fidedignos, hemos sabido, que en Abril del año presente, escribió Agustin de Iturbide (el hijo), una carta datada en un lugar de los Estados-Unidos del Norte, al Exmo. señor Presidente de la República Mexicana, manifestándole que deseaba servir á su patria, y que no pudiendo hacerlo por las circunstancias, en el seno de ella misma, suplicaba, que se le agregase, á una legacion extranjera, cualquiera que ella fuese.

Si esto es tan cierto, como lo creemos en buena crítica, descansando en la fe de las veraces y autorizadas personas que nos lo han dicho, parece que no es tan loco el jóven, que intente reponer ese trono aéreo, que cual una fantasmagoría especial, pensando en ascender á él, subiria de hecho al cadalso.

ADVERTENCIA.

Estas contra-notas que siguen se han puesto de contraveneno á algunas equivocaciones ó absurdos; de claridad para algunas citas, y de mejor prueba de imparcialidad. Las que tienen manecilla y estrella, las de manecilla y letra, y las de manecilla sola, se encuentran correspondientes en dichas contranotas.

CONTRA-NOTAS

DE LA EDICION DE 1827.

☞ (*) Poco calculadora la nacion española, léjos de entretenerse en vomitar injurias contra el caudillo de Iguala, debia de haber aceptado las extipulaciones celebradas en este lugar, y en el de Córdoba, porque de perderlo todo, á contar con una muy grande parte, hay notabilísima diferencia. Debia de agradecerle un sesgo tan prudente, tomado en circunstancias las mas difíciles; pero muy distante de aquel espíritu, verdaderamente grande, se creyó quo todo lo podia, y renunció al pacto favorable que se le presentaba. ¡Feliz quijotada, que nos hizo verdaderamente independientes!

☞ (á) Libelistas desenfrenados tomaron en efecto á su cargo, vindicar las supuestas injurias, inferidas á la nacion española. Folletos tan soeces como indignos del carácter dulce de los mexicanos, se escribieron en el calor de las pasiones, se publicaron con aplauso y vocería, y se expendieron profusamente, favorecidos por algunos españoles, y malos americanos. La detraccion pasó por patriotismo, la licencia por heroicidad, la audacia por magnanimidad. ¡Desgraciado pueblo por entónces!

☞ (b) La vanagloria, dice Santo Tomás, que es siempre un vicio; pero que, no tiene tal carácter aquel aplauso, que el hombre hace de sí propio, no refiriendo á sí, sino á la Providencia. Algunas veces, es tan necesario, ese elogio personal, que sin él, no nos estimulariamos á las acciones grandes. San Pablo se alabó, y ¿qué otra cosa hace el inocente, cuando se vindica é indemniza, que vociferar sus operaciones gloriosas? Sin embargo, no se puede negar, que cuando el Sr. Iturbide, escribió su memoria, aun estaba preocupado por las ideas góticas, pues tenia por un don de la Providencia, el accidente de lo que se llama orígen ilustre.

☞ (*) Yo creo que los planes del Sr. Hidalgo, hubieran logrado su pronto efecto, si ménos compasivo se atreviera á ocupar la capital, despues de la accion memorable de las Cruces. Venegas tembló de pensarlo, porque veia una ciudad desguarnecida, sin mas que unas pocas tropas y todos los ánimos poseidos de un letal estupor. Hecho dueño del centro del poder, de la riqueza y espíritu público, lo habria sin duda logrado: esto no se pudo escapar á su penetracion; pero calculó que entraria sobre arroyos de sangre, y horrendos haces de cadáveres, que en su mayor parte fueran mexicanos: calculó con error, pues por mucha que entónces hubiera sido vertida, estaba en razon de diez á ciento con la que fluyó en once años por todo el ámbito de Anáhuac. Esta es la única equivocacion que advierto en sus planes, y así es que no convendré en cuanto á lo demás. *¡Sangre y destruccion!* ¿Pues qué, para libertar á un pueblo inmenso de un yugo bárbaro, arraigado por el descarrío de centenares de años; favorecido por la ignorancia, auxiliado por el fanatismo y sostenido por la fuerza y el embeleso, podria verificarse sin sangre, devastacion y llanto? Si se satisfizo ó no al objeto, lo dice el fausto dia 27 de Setiembre de 1821. Sin Hidalgo no hubiera Iturbide: sin Hidalgo no hubiera ilustracion: sin Hidalgo no hubiera libertad.

☞ (c) Está muy equivocado el Sr. Iturbide: los primeros que se resistieron á entrar por un acomodamiento, fueron los sátrapas españoles: calificaron el esfuerzo por crímen, y el oscuro gabinete de México, destacó tropas en su persecucion. Los gachupines autorizando los desbaratos en Aranjuez, perpetrados por el príncipe de Asturias contra su rey y padre presunto, y repitiendo igual escena, con el virey Iturrigaray, dieron al mundo el escándalo mas inaudito y la prueba mas perentoria de su inmoralidad y barbarie. ¿Qué podian esperar los esclavos, al notar agresiones tan horrendas con su rey, consumadas por los mismos que se jactaban de atacarlo? El éxito lo comprobó: el orgullo español se dió por ofendido con las propuestas de los gefes mexicanos, cargó la fuerza sobre ellos, dictó suplicios, ejecutó asesinatos. ¿Qué podia hacerse en este caso? ¿Desistir de la empresa para sacrificarse inútilmente? ¿Contentarse con representar para morir en un patíbulo, dentro de veinte y cuatro horas, sin haber conseguido prender la chispa gloriosa de la insurreccion? No habia mas que tres términos; ó no haber tomado las armas, sino ceñídose á representar con sumision, y esto hubiera sido sobre ciertamente peligroso, ciertamente inútil; ó dejarlas despues de empeñada la accion, y era lo mismo, con el agregado de una estúpida cobardía; ó continuar la guerra, que era lo único que prometia esperanzas, lo único glorioso, tanto mas, cuanto desigual era la lucha.

Si hubo partidas de americanos, decididos solo á desahogar sus pasiones, no nos debemos admirar, pues este es el resultado preciso de las revoluciones, á mas de que no eran ellas en su mayor parte tales. Las tropas realistas enchidas de orgullo, y rabiosas de venganza, perpetraron, sin duda mayores, mas en número, y mas mal, circunstanciados los crímenes. El robo, el estupro, la violencia, la rapiña, la obcenidad, la blasfemia, el sacrilegio, el homicidio, la crueldad, la sevicia, el horror, el estrago, llevaban por divisas esas hordas de foragidos, acaudilladas por gefes sin moral, sin patria, sin honor, y sin conciencia. Ellas peleaban sin justicia; las de los americanos, con la mas evidente: ellas contaban con los auxilios de un gobierno sistemado y opulento; los otros con el único de sus escasas fortunas, y denodados pechos, ellos......... ¿pero á qué cansarnos? Todas las razones, que á unos hacen aparecer como fieras, ó bandidos sin pudor, sin humanidad ni gloria, constituyen á los otros héroes magnánimos, atletas impertérritos, constantes adalides.

☞ (d) Hé aquí una nueva prueba, de que los americanos, no deseaban la guerra desastroza; pues en el caso propuesto, otra habria sido la conducta del Sr. Hidalgo.

☞ (e) Protejer ó servir al rey de España, en la usurpacion pacífica de las Américas, no es accion que cede en honor del Sr. Iturbide. El rey de España, no era legítimo dueño del hemisferio de Colon, y sí solo, un poseedor de mala fe; de consiguiente, protegiendo á este de su lucha contra los verdaderos dueños, era favorecer la injusticia, y canonizar el delito. Ménos malo fuera que el Sr. Iturbide dijese, que sirvió, como tantos, po equivocacion al tirano, que no hacer alarde de unosr procedimientos que condena la filosofía y la razon.

☞ (f) Dígase lo que se quiera, el Sr. Iturbide, sabia dirijir al soldado á la victoria, sabia entusiasmarlo y precaverlo: era militar.

☞ (g) A varios individuos, les oí aplaudir las decantadas muertes de Salvatierra, como un hecho de justicia, como accion heroica y digna de un génio superior, cuando vivia el gobierno español: murió éste, y gobernó Iturbide, no se mencionaron tales atentados: cayó Iturbide, se hizo reminicencia de ellos, reprobándolos hasta el último término de exageracion. Para mí, las muertes de Salvatierra, siempre fueron inhumanas; pero juzgo que las crueldades de Concha, la sevicia de Hébia, la sed ferina de Negrete y otros, y otros... gefes realistas de aquel tiempo, no pueden entrar en comparacion con las de Iturbide. *¿Cur tam varie?*

☞ Constitucion media y ley para todo, debió llamársele á la española: era un plagio (como lo son muchas); pero nos aprovecharon sus mismos defectos, y perdieron á los españoles.

☞ Vé aquí como dividida la nacion en tres partidos, en cuanto al modo de tratar á los españoles, la lenidad mexicana apénas ha estado en parte, no la mayor, por el sistema de mas moderacion, sin embargo de que todos conocen, que es incompatible la tranquilidad pública, con la permanencia de ellos entre nosotros.

☞ Entónces habia tres sectas que acabaron con el gobierno que las nutria; pero no consta que hubiese mas que tal cual logia escosesa, y se hizo lo mismo que ahora: una parte de sus agentes deprimia al clero, otra lo alentaba. De este modo, luchando los eclesiásticos entre la confianza de mejoras, y desesperacion por los ataques bruscos que le dirigian, tomaron con empeño la regeneracion y se logró. Esta misma táctica que se usó para destruir al gobierno español, se está practicando hoy para hacerlo renacer de sus cenizas.

☞ Este es D. Vicente Rocafuerte, autor del bosquejo: hombre hábil; pero habla mas de lo que piensa.

☞ Y aun está no se puede decir, que se ejecutó durante la guerra de independencia, sino despues de concluida. El hecho, cualquiera que fuese, muestra evidentemente lo bien querido que estaria Concha: pocas horas ántes de presentarse en la palestra titubeaba, obraba con irregularidad como un sonámbulo, y teniendo arbitrios para evitar aquel fracaso, no supo echar mano de ellos. *Deus ultionum Dominus.*

☞ La experiencia que se burla de los raciocinios, principalmente en artes conjeturales como la política, ha demostrado, que conviene á los mexicanos, solo la forma democrática, popular, federal. Con su magisterio dominante, nos ha hecho ver, que lo mismo será abandonar esta clase de gobierno, que sumirnos en la anarquía, ó en el despotismo. Los mexicanos tienen virtudes primordiales íntimas: esto basta, para prometerse la duracion de su libertad: las demás virtudes, son retoños de éstas, y no habiendo esta clase de gobierno que las fecunda, se sigue, que solo en él podrán fructificar; porque la virtud, es el resultado de la educacion, auxiliada por la buena disposicion de la naturaleza. Esta es innegable en los mexicanos; luego es inconcuso, que solo puede hacer su felicidad, aquel gobierno que produce la mejor educacion, y este es el democrático, popular, federal.

☞ * El plan de Iguala y tratados de Córdoba, si desgraciadamente hubieran tenido su exacto cumplimiento, habrian sido el instrumento de una ruina irreparable para el Nuevo Mundo.

El primero fué, no hay duda, el que nos acabó de emancipar, y á su vez, la obra maestra en política; pero con un Borbon en México, ¿cuál habria sido nuestra suerte? La mas desventurada. La independencia seria puramente nominal. Para mí peor fuera eso, que el sistema antiguo de los vireyes.

☞ Ojalá fuera el único caso que pudiera citarse en comprobacion de la ignorancia de algunos de los diputados del primer congreso, que se llamó constituyente. ¡Pobre patria!☜

A la verdad, que tanta razon habia para lo uno, como para lo otro, porque ningun hombre de sindéresis, podia ser tolerante expectador de la apatía del primer congreso, de las facciones que lo compusieron, ni del desórden del sistema imperial, de su aparato insultante, de su aptitud ominosa.

(a) Ninguna conducencia tiene el artículo 17 de la constitucion española, con la autorizacion para aprehender á los diputados. Este fué un lazo tendido al Sr. Iturbide, por los mismos enemigos, para precipitarle, disminuirle su fuerza moral, y vengarse de él, con él mismo. Como esta providencia, fueron muchas; é igual táctica se está usando ahora, para debilitar á nuestro gobierno; mas sus conatos, serán vanos: les sucederá hoy, lo que les ha sucedido ayer: cada paso de los borbonistas para esclavisarnos, nos ha prevenido y afianzado en el goze de nuestros derechos, y á ellos los ha hecho de peor condicion.

(a) El plan de Iguala, no fué más que la indicacion de la voluntad nacional, en una fecha en que no se podia expresar por un órgano fiel y legítimo; ni el Sr. Iturbide como libertador, podia gozar de este carácter universal. Variaron las circunstancias: pudo la nacion emitir su voto con franqueza, y no estuvo por muchos de los artículos que forman la subsistencia de dicho plan.

(d) Ya lo dice claramente su causa instruida: ya lo dicen los clamores públicos: él mismo lo dijo en la asonada militar de Puebla.

(f) No hay mas que decir á esto, sino encojerse de hombros. Que aquel congreso, fué compelido á una transformacion que poco le favorece, es innegable; luego sus miembros en la mayoría, no cumplieron con sus deberes, ó por ignorancia ó por malicia: yo no tengo la culpa de formar esta suma sencilla: tres y tres son seis: la culpa será del que puso en columnas ambos números. Si he de decir mi opinion, la diré francamente: si permanecen mas tiempo, aquella legislatura y gobierno, ya Paquito de Paula estaria ahorcános con su boca llena de risa.

ADVERTENCIA DE LOS REDACTORES

DE LA "VOZ DE MEXICO."

Hemos reimpreso la edicion de 1827. Nos ha parecido conveniente omitir algunas fracciones, por estar dictadas con una pasion repugnante, ya en este tiempo. Habriamos omitido por igual causa las *contra-notas* Pero están anexas al texto del *manifiesto*, del que nada omitimos.

No estamos conformes con las apreciaciones de algunas *contra-notas*. Ni el autor de ellas, las ratificaria hoy que hubiera visto, cuan errado estaba en sus pronósticos.

La sana filosofía política, y la experiencia de medio siglo, no permiten, que se juzguen hoy los hechos del Sr. Iturbide, como se les juzgaba en 1827.

El mismo libertador, pensaria hoy, con alguna diferencia respecto á los sucesos de que habla: y se complaceria de ver confirmadas muchas de sus previsiones.

Su poder acabó con su vida. Pero los honores debidos á su génio, á su patriotismo y á su firmeza y rectitud de principios no deben acabar. Nosotros le tributamos el que como periodistas podemos.

Redactores de la *Voz de México.*

www.ingramcontent.com/pod-product-compliance
Lightning Source LLC
LaVergne TN
LVHW051554070426
835507LV00021B/2578